U0080866

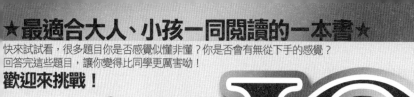

★ **最適合大人、小孩一同閱讀的一本書** ★

快來試試看，很多題目你是否感覺似懂非懂？你是否會有無從下手的感覺？
回答完這些題目，讓你變得比同學更厲害呦！
歡迎來挑戰！

讀品
文化

百萬IQ
知識王

朱秋德/編著

資優生系列：10

百萬 IQ 知識王

編　　　著	朱秋德
出 版 者	讀品文化事業有限公司
執 行 編 輯	林美娟
社　　　址	22103 新北市汐止區大同路三段 194 號 9 樓之 1
	TEL ／(02)86473663
	FAX ／(02)86473660
總 經 銷	永續圖書有限公司
劃 撥 帳 號	18669219
地　　　址	22103 新北市汐止區大同路三段 194 號 9 樓之 1
	TEL ／(02)86473663
	FAX ／(02)86473660
	E-mail: yungjiuh@ms45.hinet.net
網　　　址	**www.foreverbooks.com.tw**
法 律 顧 問	中天國際法律事務所　涂成樞律師
	周金成律師
出 版 日	2011 年 03 月

Printed Taiwan, 2011 All Rights Reserved

百萬 IQ 知識王／朱秋德 編著.
　--初版. --新北市　：　讀品文化, 民 100.03
　　面；公分. -- （資優生系列：10）
　　ISBN◎978-986-6906-93-0 (平裝)
　　1. 常識手冊
046　　　　　　　　　　　　　　　　　　　　　　100001292

前言

　　400多年前，英國著名思想家弗蘭西斯・培根提出「知識就是力量」，幾百年來，這句口號激勵著人們不斷追求知識的高峰。

　　今天的時代是一個知識經濟時代，競爭激烈的社會環境更加需要我們用知識來提升自己，才能開啓智慧大門，步入人生成功之路。爲了跟上時代的步伐，拓寬人們的視野，豐富和活躍人們的文化生活，近年來，知識競賽節目悄然興起，吸引了眾多電視觀眾的目光，越來越多的人渴望迎接挑戰，累積更多的知識。

　　知識競賽是對知識橫向縱向的一個考驗，要輕鬆回答那些靈活多變的題目，豐富自己的知識是必不可少的。但面對浩瀚無邊的知識海洋，你是否會有無處下手的感覺？你是否在期待著這樣一本書：既能包含各種知識又饒有趣味性，讓自己在輕鬆愉悅中就能獲得知識？

　　現在，《百萬IQ知識王》會幫助你實現這個期待已久的願望。本書編輯從浩如煙海的知識寶庫中，精心編輯了多道形式新穎、內容精彩的知識競賽題，送到你的面前。這些題目涵蓋了人們應該懂得而又易於掌握的各類知識與常識，包

括天文曆法、地理名勝、生物世界等大類。在題目方面，既有一般常識，也有逸聞趣事和鮮為人知的典故，既突顯了知識性，又把思想性、藝術性和趣味性和諧地融為一體，增強了閱讀時的趣味感，可謂寓教於樂。

在每一章中，你將面對我們為你精心設計的五關：闖關總動員、闖關熱身操、闖關進行式、闖關加油站、闖關大衝刺。闖關過程中，你可以獨自一人，體驗獨自闖關的無限樂趣；也可以多人一起，展開互動競賽，大家一起互考競答，激發學習興趣，不斷充實自己，提高自身常識。闖關成功後，你可以到「趣味樂園」中輕鬆一下，這裡有我們為你準備的各式「點心」，休息片刻，你將獲得更大的勇氣進入下一關卡的挑戰。隨著一路勇敢闖關，你會發現腦子裡已經不經意地裝進了那麼多知識。

高爾基曾說：「人的知識愈廣，人的本身就愈臻完善。」通往智慧的道路雖然不好走，但用知識累積起來的人能戰勝一切困難。你想讓自己成為一個知識廣博、富有智慧的人嗎？那麼就從閱讀本書開始吧。

Part 1 天文曆法

天宇氣象、日月星辰、風雨霜露、雲霧冰雪、雷電霹靂、陰晴寒暑、晨昏晝夜……這個浩瀚的世界是多麼神奇，這個神奇的世界充滿了未知。讓我們插上知識的翅膀，在這浩瀚而又神奇的世界裡翱翔！

Part 2 地理名勝

讀萬卷書，不如行萬里路。自然山水，四海風光，名勝古跡⋯⋯漫遊天下是多麼令人神往。一起出發吧，讓我們走向廣闊山野，去領略地球的無窮魅力！

Part 3 生物世界

動物是人類親密的朋友，人類是動物信賴的夥伴。樹木擁有綠色，地球才有脈搏。動物和植物，構成了多彩世界中最生機勃勃的自然景象。讓我們走進生物世界，和動物植物一起擁抱大自然！

Part ① 天文曆法

天宇氣象、日月星辰、風雨霜露、雲霧冰雪、雷電霹靂、陰晴寒暑、晨昏晝夜……這個浩瀚的世界是多麼神奇，這個神奇的世界充滿了未知。讓我們插上知識的翅膀，在這浩瀚而又神奇的世界裡翱翔！

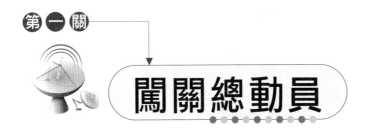

第一關

闖關總動員

你是不是喜歡在靜謐的夜空下，遙望美麗的星月；你是不是喜歡流連在天文館中，飽覽新奇的畫卷。宇宙的秘密從來都不是天文學家們獨享的事物，讓我們一起抬起頭來，仰望星空。

一、快速判斷

1. 地球自轉的速度是一成不變、相對永恆的。

解 錯

趣味提示：經過反覆驗證，地球的自轉速度並不是一成不變的，而是有時快、有時慢。地球自轉速度一般也因季節的不同而變化，1年之中8～9月自轉速度最快，3～4月自轉速度最慢。地球不只在1年內自轉速度很不均衡，並且年和年之間自轉速度同樣有差異。近300年以來，地

球自轉最快的為1870年，最慢的為1903年。

2.「大伏」屬於二十四節氣之一。

解 錯

趣味提示：二十四個節氣是：立春、雨水、驚蟄、春分、清明、穀雨、立夏、小滿、芒種、夏至、小暑、大暑、立秋、處暑、白露、秋分、寒露、霜降、立冬、小雪、大雪、冬至、小寒、大寒。每個節氣約間隔半個月的時間，分列在十二個月裡面。在月首的叫做節氣，在月中的叫做「中氣」，所謂「氣」就是氣象、氣候的意思。

3. 天文學家把全天空的星星按區域劃分成28個星座。

解 錯

趣味提示：天文學家把全天空的星星按區域劃分成88個星座。

4. 第一個踏上月球的人是蘇聯的加加林。

解 錯

趣味提示：美國的尼爾·阿姆斯壯，「阿波羅11號」的指揮官兼駕駛，於1969年7月登上月球表面，成為在地球之外的天體上活動的第一人。他的月球之行，是人類歷

史上最重大的事件之一，對此他曾說過一句名言：「這是個人的一小步，卻是人類的一大步。」加加林則是第一位進入太空的人。

5.被稱為「啟明星」的是太陽系中的金星。

解 對

趣味提示：金星是天空中除太陽、月球外最亮的星，中國古書上稱它為啟明星。

二、智慧選擇

1.下面哪個是對「驚蟄」這個節氣的正確描述？

☐　A、春季開始

☐　B、降雨量增多，對穀類生長有利

☐　C、溫度逐漸升高，開始打雷，冬眠動物復甦

☐　D、氣候溫暖，草木繁茂，天氣晴朗

解 C

趣味提示：驚蟄為春季的第三個節氣。驚蟄是指春雷初響，驚醒蟄伏中的昆蟲。這個時節已經進入仲春，是桃花紅、李花白、鳥兒高飛的時節。按照一般氣候規律，驚蟄前後各地天氣已開始轉暖，並漸有春雷出現，冬眠

的動物開始甦醒並出土活動。雨水漸多，是春播的有利時機。

2.影響海洋表面水溫高低的因素是：

- ❑　A、太陽輻射
- ❑　B、地熱溫度
- ❑　C、季節溫差

解 A

趣味提示：影響海洋表層水溫的因素有太陽輻射、沿岸地形、氣象、洋流等。海水表面溫度的高低，受太陽輻射的影響，隨時間和空間而變化。此外，寒暖流經過的海域，水溫也會受影響。一般來說，同一海域的水溫夏季高些，冬季低些。不同海域的水溫，低緯高些，高緯低些；暖流水溫高於所流經海域的水溫，寒流水溫低於所流過海域的水溫。

3.在晴朗的夜空裡，天上能用肉眼看到大約多少顆星星？

- ❑　A、2000
- ❑　B、3000
- ❑　C、5000
- ❑　D、10000

解 B

> **趣味提示**：肉眼可見的星星約7000多顆，但由於同一個人在同一時間只能看見天空的一半，因此真正能用肉眼看到的星星只有3000多顆左右。

---

4. 世界上關於太陽黑子的最早記載，是在中國古代哪部書中？

- ❏　A、《尚書》
- ❏　B、《史記》
- ❏　C、《淮南子‧精神訓》
- ❏　D、《漢書》

解 C

> **趣味提示**：中國在2000多年前就注意到太陽黑子的現象，並存有世界上最早和最詳細的有關太陽黑子的記錄。早在西元前140年前後成書的《淮南子‧精神訓》中，就有「日中有蹲鳥」的記載。《漢書‧五行志》中對前28年出現的黑子記載則更為詳盡。

---

5. 赤道附近的1噸貨物被運到北極附近後，貨物會：

- ❏　A、大於1噸
- ❏　B、等於1噸

☐ C、小於1噸

解 A

趣味提示：在赤道上，物體離地心遠些，受到的地心引力就小些，重量就輕些；隨著緯度的增加，地球半徑減小，物體所受到的引力增加，測得的重量就加大。

6.美麗的彩虹有紅、橙、黃、綠、藍、靛、紫七種顏色，請回答，彩虹出現在太陽的：

☐ A、相對方向
☐ B、同一方向

解 A

趣味提示：彩虹是氣象中的一種光學現象。彩虹是因為陽光射到空中接近圓形的小水滴，造成色散及反射而成，出現在與太陽相對的方向。

7. 天文單位的長度接近於：

- ☐ A、地面到大氣層的平均距離
- ☐ B、地球到太陽的平均距離
- ☐ C、地球到月亮的平均距離

解 B

趣味提示：天文學家把太陽到地球這段距離當成一個單位，叫做「天文單位」。天文單位是天文學中測量距離的基本單位之一。

8. 發生地震時，在震中區附近的人們最先感到的是：

- ☐ A、水平晃動
- ☐ B、上下顛簸

解 B

趣味提示：地震波主要包含縱波、橫波和面波，三類波的傳播速度不同，地震時，縱波總是先到達地表，而橫波、面波總是落後一步。這樣，發生較大的淺震時，一般人們先感到上下顛簸，過數秒到十幾秒後才感到有很強的水平晃動。

9. 在南極點上，一個晝夜是：

□ A、一天

□ B、半年

□ C、一個季度

□ D、一年

解 D

趣味提示：在南極點上，冬季半年黑夜，沒有白天；夏季半年白天，沒有黑夜。因此，一個畫夜不是一天，而是一年。

10. 發生日全食時，太陽會被（ ）遮住。

□ A、月亮

□ B、地球

□ C、火星

解 A

趣味提示：當在環繞地球的軌道上運行的月球穿過太陽圓面，月球的影子掃過地球表面之時，發生日食。當太陽圓面完全被月球遮蓋，這樣的日食稱為日全食。

三、趣味搶答

1. 請列舉中國古代重要的天文曆法成就。（至少三項）

解 （1）中國最早的曆法—夏曆。

（2）世界上關於日食最早的記錄—殷墟甲骨文。

（3）中國歷史上第一次有確切日期的日食—《詩經》載西元前776年9月6日。

（4）二十四節氣的確定—春秋測定冬至、夏至，戰國確定二十四節氣。

（5）哈雷彗星的最早記錄—保存於《春秋》。

（6）世界上最早的天文學家著作—戰國《甘石星經》。

（7）東漢張衡發明了世界上最早的測定地震方位的儀器地動儀、渾天儀。

（8）唐代一行禪師張遂在世界上第一次測量出地球子午線長度。

2. 為了便於用望遠鏡觀測天體，天文臺的房子屋頂被設計成什麼形狀？

解 圓頂

3. 請背誦二十四節氣歌。

解 春雨驚春清谷天，夏滿芒夏暑相連，秋處露秋寒霜降，冬雪雪冬小大寒。每月兩節不變更，最多相差一兩天，上半年來六、廿一，下半年是八、廿三。

4. 你知道「二月二，龍抬頭」的由來嗎？

解 民間傳說，每逢農曆二月初二，是天上主管雲雨的龍王抬頭的日子，從此以後，雨水會逐漸增多起來。因此，這天就叫「春龍節」。中國北方廣泛地流傳著「二月二，龍抬頭；大倉滿，小倉流」的民諺。春龍節的來源，在中國北方民間流傳著這樣一個神話故事。聽說武則天當上皇帝，惹惱了玉皇大帝，傳諭四海龍王，三年內不得向人間降雨。不久，司管天河的龍王聽著民間人家的哭聲，看著餓死人的慘景，擔心人間生路斷絕，便違抗玉帝的旨意，為人間降了一次雨。玉帝得知，便把龍王打下凡間，壓在一座大山下受罪，山上立碑：龍王降雨犯天規，當受人間千秋罪；要想重登靈霄閣，除非金豆開花時。人們為了拯救龍王，到處找開花的金豆。到了第二年二月初二，人們正在翻曬玉米種子時，想到這玉米就像金豆，炒一炒開了花，不就是金豆開花嗎？就家家戶戶爆玉米花，並在院子裏設案焚香，供上開了花的「金豆」。龍王抬頭一看，知道百姓救它，便大聲向玉帝喊到：「金豆開花了，快放我

出去！」；玉帝一看人間家家戶戶院裏金豆花開放，只好傳諭，詔龍王回到天庭，繼續給人間興雲布雨。從此，民間形成了習慣，每到二月初二這一天，人們就爆玉米花吃。

趣味樂園

什麼是天體的吸引力

三百多年前英國的科學家牛頓發現所有的物體都有吸引力，稱為「萬有引力」，也稱為「重力」。物體的質量越大，萬有引力越大；而這個引力的強弱也與物體的距離有關，物體距離越近，萬有引力越強。地球的萬有引力也稱為地心引力，把我們「吸在」地面上，我們才能平穩地坐著或站著。月球比地球小，因此月球的萬有引力也比地球小，太空人走在月球表面，就會因為吸力不夠而走得「飄飄然」。在太空中因為各天體的距離都很遙遠，因此受到的萬有引力微弱，太空人會處在「無重力狀態」，所以可以漂浮在太空裡，進行太空漫步。

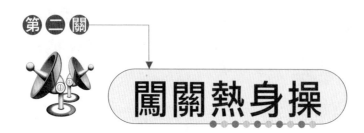

你知道夜空中最明亮的恒星是哪個嗎？你知道第一個到太空探險的人是誰嗎？星星真的會眨眼睛嗎？快快行動，讓我們一起去神遊太空，探索宇宙吧！

一、快速判斷

> 1. 透過實驗證明雷電是大氣的放電現象的科學家是佛蘭克林。

解 對

> **趣味提示**：早在兩百多年前，美國科學家佛蘭克林，在雷雨天透過放風箏實驗，證明了雷擊是大氣中的放電現象，並建立了雷電學說。

> 2. 日食只可能發生在農曆的朔日。

解 對

趣味提示：農曆初一日，稱為朔日。日食是月球繞地球轉到太陽和地球中間，這時是農曆初一。

3. 天上的那些點點繁星，除了有幾顆移動的行星之外，絕大部分都是遙遠的「太陽」。因為它們相互之間的相對位置沒有變化，所以人們叫它「恒」星。

解 錯

趣味提示：其實，每顆恒星無時無刻全在朝不同的方向運動著，並且空間運動速度是很大的。因為它們距離人們太遠了，我們才感覺不到它們的運動。可是，有一些恒星的亮度有些明顯的變化，我們將這類恒星叫做「變星」。還有一些恒星的亮度會突然增加到幾千、幾萬倍，很快又暗下去，天文學上將這類星叫做新星或者超新星。

4. 人造地球衛星的成功發射，開創了人類航太的新紀元，世界上第一顆人造地球衛星是由美國發射的。

解 錯

趣味提示：1957年10月4日，前蘇聯成功地發射了世界上第一顆人造地球衛星──「衛星1號」。

5. 夜空中最明亮的恒星是天狼星。

解 對

> **趣味提示**：夜晚，在恒星世界中，看上去最亮的星星是天狼星，它位於大犬星座之中。春季，它在西南方的天空中熠熠發光。它的質量是太陽的2.3倍，半徑是太陽的1.8倍，光度是太陽的24倍。天狼星不但本身比較亮，而且離我們比較近，只有8.65光年，因此，看起來它特別亮。

二、智慧選擇

1. 發現恒星的位置並非永遠不變的人是：

- ☐ A、義大利人
- ☐ B、英國人
- ☐ C、中國人
- ☐ D、波蘭人

解 C

趣味提示：他是唐代的張遂，即僧一行，他發現恒星運動比西方早1000年。

2. 太空人在太空中看到的星星和我們在地球上看到的：

☐　A、一樣多

☐　B、比我們看到的少

☐　C、比我們看到的多

解 C

趣味提示：太空船離開地球大氣層後，太空人看到的天空比地球上的夜晚還要黑，他們可以看到更多更亮的星星。

3. 月球上的引力是地球引力的：

☐　A、1/6

☐　B、1/4

☐　C、1/2

解 A

趣味提示：月球跟地球表面的引力比為1：6。

4. 地球上的人觀看晴朗的天空呈現藍色，這是因為：

☐　A、大陸上的海水把天空映成藍色

　　□　B、太陽光中的藍色被物體反射成藍色

　　□　C、太陽光中的藍色光被天空中的微粒散射成藍色

解 C

　趣味提示：陽光進入大氣時，波長較長的色光如紅光，透射力大，能透過大氣射向地面；而波長短的紫、藍、青色光，碰到大氣分子、冰晶、水滴等時，就很容易發生散射現象。被散射了的紫、藍、青色光佈滿天空，就使天空呈現出一片蔚藍了。

5.「春季的中間，太陽正好直射赤道；這天的白天和夜晚一樣長。」這是對哪個節氣的描述？

　　□　A、立春

　　□　B、雨水

　　□　C、驚蟄

　　□　D、春分

解 D

　趣味提示：春分，古時又稱為「日中」、「日夜分」，在每年的3月20日或21日，這時太陽到達黃經0□。據《春秋繁露・陰陽出入上下篇》說：「春分者，陰陽相半也，故晝夜均而寒暑平。」所以，春分的意義，一是指一天時間白天黑夜平分，各為12小時；二是古時以立春至立

夏為春季，春分正當春季三個月之中間，剛好平分了春季。

---

6. 下列古時的計時單位哪一個與現在的半小時最接近？

　　❑　A、時辰
　　❑　B、刻
　　❑　C、更
　　❑　D、點

解 D

趣味提示：古時候，1個時辰等於2個小時；1刻等於14分24秒；1更大約合2個小時；1點是1更的五分之一，合現在的24分鐘。所以點離半小時最近。

---

7. 張衡發明的地動儀上有幾條龍？

　　❑　A、4條
　　❑　B、6條
　　❑　C、8條
　　❑　D、10條

解 C

趣味提示：132年，科學家、文學家張衡發明製造了世界上第一台測定地震方位的儀器──候風地動儀。張衡的地動儀上有8條龍，按東、南、西、北、東南、東北、西

南、西北八個方向布列。

8. 太陽系的九大行星中，質量最大的一顆是：

　□　A、金星

　□　B、水星

　□　C、土星

　□　D、木星

解　D

趣味提示：木星的赤道半徑為71400公里，是地球的11.2倍，體積是地球的1316倍，質量是地球的300多倍。

9. 在對流層中，高度每上升100公尺，溫度大約下降_____。

- ☐ A、0.3℃
- ☐ B、0.6℃
- ☐ C、0.8℃
- ☐ D、1℃

解 B

趣味提示：對流層位於大氣的最低層，它蘊含了整個大氣層約百分之七十五的質量，以及幾乎所有的水蒸氣及氣溶膠。其下界與地面相接，上界高度隨地理緯度和季節而變化。在低緯度地區平均高度為17～18公里，在中緯度地區平均為10～12公里，極地平均為8～9公里；夏季高於冬季。對流層中，氣溫隨高度升高而降低，平均每上升100公尺，氣溫約降低0.65℃。

10. 隨著科技的發展，人類對廣闊的太空不斷進行探索，第一個到太空探險的是：

- ☐ A、美國人
- ☐ B、法國人

　　☐　C、英國人

　　☐　D、前蘇聯人

解　D

　　趣味提示：第一個到太空探險的是前蘇聯太空人加加林。

三、趣味搶答

1. 連續七個月最多有多少天？

解　連續七個月最多有215天，即7、8、9、10、11、12
和1月，七個月共215天。其他任何連續七個月都少
於215天。

2. 請在敘述過程中搶答：這顆行星的名字是什麼？

（1）它被譽為地球的姐妹星，在有些方面它們非常相
　　　像，曾經被認為可能有生命的存在。

（2）它是天空中最亮的行星，通常由肉眼即可觀測，有
　　　時被稱為「啓明星」或「太白金星」。

（3）它是太陽系中第六大行星，在所有行星中，它的軌
　　　道最接近圓，偏差不到1%。

解　金星

3. 什麼是大月小月？

解 每年的1、3、5、7、8、10、12月都是31天，每月31天的月份，叫大月。每年的4、6、9、11都是30天，每月30天的月份，叫小月。2月份則為28天或29天。

4. 小靈通漫遊未來。這一天，小靈通來到月球。他在日記中寫道：「月球是個奇妙的地方，在這裡我整天可以見到星星。」小靈通寫得對嗎？

解 對，月球上任何時間都可以看到星星。

趣味樂園

什麼是宇宙

「宇宙」一詞，最早大概出自中國古代著名哲學家墨子（約西元前468～376年）。他用「宇」來指東、西、南、北四面八方的空間，用「宙」來指古往今來的時間，合在一起便是指天地萬物，不管它是大是小，是遠是近;是過去的、現在的，還是將來的;是認識到的，還是未認識到的。

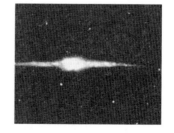

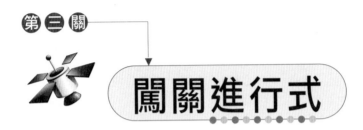

潮起潮落原來和月亮有關，太陽的壽命是100億年，星星有不同的顏色……宇宙裡藏著無數的秘密，等著你去發現呢。

一、快速判斷

1. 冬天冷、夏天熱是由於地球離太陽遠近的原因。

解 錯

趣味提示：在冬天，太陽直射點在南半球，太陽的高度角小了，太陽光是斜著照耀大地的，地球單位面積上接收到的陽光照射的數量減少了，也就是說太陽能到達地球的能量密度小了，地球從太陽那裡獲得的能量少了，所以冬天冷；而在夏天，太陽直射點在北半球，太陽的高度角大，太陽光幾乎是直射大地，太陽能到達地球的能量密度很大，地球從太陽那裡獲得的能量就多，所以

夏天熱。

> 2. 小明的爸爸說，他已經繞太陽轉過幾十圈了，你說
>   他的話對嗎？

解 對

> **趣味提示**：人生活在地球上，地球每年要繞著太陽轉一
> 圈，人不是也要繞著太陽轉一周嗎？

> 3. 義大利航海家哥倫布完成環球航行，證明地球是球
>   形的。

解 錯

> **趣味提示**：環球航行證明地球是球形的，是由義大利航
> 海家麥哲倫完成的。

> 4. 如果在太空船上劃燃火柴，火焰會立即熄滅，這是
>   由於氧氣不夠。

解 錯

> **趣味提示**：原因是空氣不對流。

> 5.「一架飛機從洛杉磯飛往東京，在經過阿留申群島
>   上空時，機上一孕婦忽然產下一男嬰，一小時後，
>   又產下一個。但在填寫出生登記表時，執法人員認

定後出生的男孩是哥哥，先出生的男孩是弟弟。」
這是一件真實的事情。

解 對

> **趣味提示**：因為阿留申群島位於東西第十二時區中國際
> 換日線的東側，故先出生的男孩在格林威治時間上比後
> 出生的男孩晚23小時出生。

二、智慧選擇

1. 冬至那天太陽直射在：

☐　A、南回歸線

☐　B、北回歸線

解 A

> **趣味提示**：12月22日前後是冬至，是一年24個節氣中最
> 後的一個。從冬至開始，進入數九的第一天，也就開始
> 進入一年中最寒冷的季節了。

2. 地球之外的太陽系天體中，唯一發現有火山活動的天體是：

☐　A、木星

❑ B、火星

❑ C、土星

解 A

趣味提示：1979年3月5日，旅行者1號探測器從距離木星27.5萬公里處掠過時，發現了木星上正在噴發的活火山。傳回地面的照片表明，該星上有8座火山同時爆發。它們以每小時1600公里的速度向外噴射著熔岩和氣體物質，噴出物可達450公里的高空，氣勢十分壯觀。這是航太探測器在地球外觀測到的第一個有火山活動的天體。

3. 一年內月亮的自轉圈數與公轉圈數相比：

❑ A、自轉的圈數多

❑ B、公轉的圈數多

❑ C、一樣多

解 C

趣味提示：月亮自轉和公轉一圈的時間相同，這是潮汐長期作用的結果。這一週期因選用基準不同有幾種：如果以太陽為基準，平均為29.5日；如果以恒星位置為基準，平均為27.3日。

4.「樹木被吹倒，建築物遭破壞，機帆船航行危險」等現象出現時，風力的等級達到：

☐ A、7級以上

☐ B、8級以上

☐ C、10級以上

☐ D、12級以上

解 C

趣味提示：10級風力時陸地地面物體表徵：樹木可被吹倒，一般建築物遭破壞。相當於風速：89～102公里/時，24.5～28.4公尺/秒。

---

5. 氣候系統包括＿＿＿＿＿＿圈層。

☐ A、大氣圈、水圈、冰雪圈、岩石圈、生物圈

☐ B、大氣圈、水圈

☐ C、大氣圈、水圈、生物圈

☐ D、大氣圈、水圈、冰雪圈

解 A

趣味提示：氣候系統包括大氣圈、冰雪圈、生物圈、水圈和岩石圈（陸地）。引起氣候系統變化的原因可分成自然的氣候波動與人類活動的影響兩大類。前者包括太陽輻射的變化、火山爆發以及氣候系統自身的震盪等；後者包括人類使用化石燃料排放溫室氣體和氣溶膠以及土地利用的變化等。

6. 我們可以看到的月亮最多占月亮表面積的：

☐　A、51%

☐　B、55%

☐　C、59%

☐　D、70%

解 C

趣味提示：月球的一面總是朝向地球的，我們永遠無法在地球上看到月球的另外一面。嚴格來說，由於月球天平動，我們至多可以看到59%的月面，而不是50%。

7. 在地球同步氣象衛星上觀察地球上的颱風時，發現：

☐　A、地球在旋轉，颱風也在旋轉

☐　B、地球在旋轉，颱風不旋轉

☐　C、地球不旋轉，颱風也不旋轉

☐　D、地球不旋轉，颱風在旋轉

解 D

趣味提示：所謂同步衛星，就是永遠固定在地球上空某個位置的衛星。而一顆衛星要能永遠固定在地球軌道的同一個位置上，先決條件就是它繞地球一周的時間必須剛好是24小時，和地球的自轉週期相同。這樣一來，對

地面上的我們來說，衛星就能固定不動，與地球同步了！
而從衛星上來看，地球也是相對不動的，動的是颱風。

8. 潮起潮落主要與下列哪項有關？

❏　A、太陽

❏　B、月亮

❏　C、水星

解　B

趣味提示：引起潮汐的原因是月球的引力引起的，這個
引力是月球對地面的引力，加上地球、月球轉動時的慣
性離心力所形成的合力。太陽的引力也對潮汐有作用，
但太陽引力所產生的作用只有月亮的2/5。

9. 下列天體中，距離地球最近的恒星是：

- ❑ A、巴納德星
- ❑ B、太陽
- ❑ C、比鄰星

解 B

趣味提示：太陽是距離地球最近的恒星，是太陽系的中心天體。到地球的平均距離：1億5千萬公里。太陽系質量的99.87%都集中在太陽。太陽系中的地球以及其他類地行星、巨行星都圍繞著太陽運行。

10. 人造衛星一般是在什麼時間發射？

- ❑ A、下午4點到6點
- ❑ B、晚上7點到9點
- ❑ C、夜間11點到凌晨1點

解 B

趣味提示：只有在這段時間裡，衛星才能以最佳的角度接受太陽的能源，否則無法正常工作。

三、趣味搶答

> **1. 太陽的壽命是多少？**

解 現代科學證明，太陽是一個主要由氫氣、氦氣組成的巨大的火球。太陽的年齡已有45億歲，將由紅星球變為藍星球，再變為白星球，最後變成黑星球，經歷紅太陽、藍太陽、白太陽、黑太陽幾個階段之後，太陽就會壽終正寢。過去的45億年加上未來的55億年，太陽的壽命應該是100億年。

> **2.「月落烏啼霜滿天，江楓漁火對愁眠。姑蘇城外寒山寺，夜半鐘聲到客船。」詩中指的月相是什麼？**

解 上弦月。上弦月上半夜出來，在西面出來，月面朝西。

> **3. 請將下列天文學家與各自取得的成就用線連接。**

☐ A、哥白尼　　a.研究銀河系外宇宙空間的先驅

☐ B、伽利略　　b.日心說（即「地動說」）的創立人

☐ C、開普勒　　c.製造出第一架望遠鏡

☐ D、哈雷　　　d.發現行星運動定律

☐　E、洛厄爾　e.指出哈雷彗星以前曾按一定時間間
　　　　　　　　隔規律出現過許多次

☐　F、哈勃　f.預言太陽系存在著第九顆行星—冥王星

解　A—b；B—c；C—d；D—e；E—f；F—a。

4. 為什麼星星有不同的顏色？

解　星星的顏色取決於它的溫度，不同的顏色代表著不同的表面溫度：發藍的星星表面溫度高，發紅的星星表面溫度低。

趣味樂園

地球小常識

1. 地球自轉一周為23小時56分4秒；公轉一周為365天5時48分46秒。

2. 地球與太陽的平均距離為149600000公里。

3. 地球的近日點為147100000公里，地球的遠日點為152100000公里。

4. 地球的質量大約為60萬億噸。

5. 地球的體積正在緩慢膨脹，直徑增長約為每年0.5公厘。

6. 地球上每天來自大氣圈外的隕石碎片約6噸，隕石燃燒的灰塵約0.8噸。

7. 地球上每年發生地震約上百萬次，其中破壞力強的有10次左右。

8. 地球的體積：11000億立方公里。

9. 地球的表面積：510500000平方公里。

10. 地球的陸地面積：149500000平方公里。

11. 地球的海洋面積：361000000平方公里。

12. 地球生物圈大氣層約2000～3000公里厚，其中含氮78%，氧21%，氬1%，還有水蒸氣、二氧化碳和其他氣體。

13. 地球與月亮的平均距離為384400公里。

14. 月亮平均半徑是1737公里，相當於太陽半徑的1/400。

15. 月亮的體積約是地球體積的1/49，質量是地球質量的1/81。

16. 月球表面最高氣溫高達127℃，而最低氣溫低到－183℃。

17. 地球與月亮大約同時期形成，約為46億年前。

18. 太陽半徑約為70萬公里，太陽的體積比地球體積大130萬倍。

19. 太陽的質量為$2×10$的27次方噸，比地球重30多萬倍。

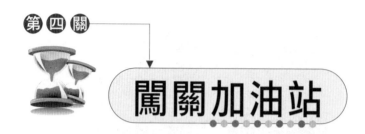

夸父追日，嫦娥奔月，屈原問天……人類從誕生之日起就在探索宇宙。現在，我們仍在努力，因為，我們知道的東西是有限的，我們不知道的東西則是無窮的。

一、快速判斷

1.「厄爾尼諾」現象這個名稱是以發現這個現象的科學家名字命名的。

解 錯

趣味提示：「厄爾尼諾」一詞來源於西班牙語，原意為「聖嬰」。19世紀初，在南美洲的厄瓜多爾、秘魯等西班牙語系的國家，漁民們發現，每隔幾年，從10月至第二年的3月便會出現一股沿海岸南移的暖流，但這股暖流一出現，性喜冷水的魚類就會大量死亡，使漁民們遭受莫大的災害。由於這種現象最嚴重時往往在耶誕節前後，

於是遭受天災而又無可奈何的漁民將其稱為上帝之子——聖嬰。後來，在科學上此詞語用於表示在秘魯和厄瓜多爾附近幾千公里的東太平洋海面溫度的異常增暖現象。

2. 牛郎星是天鷹座的第一亮星。

解 對

趣味提示：河鼓二即天鷹座α星，俗稱「牛郎星」。在夏秋的夜晚，它是天空中非常著名的亮星，呈銀白色，距地球16.7光年，它的直徑為太陽直徑的1.6倍，表面溫度在7000℃左右，發光本領比太陽大8倍。它與「織女星」隔銀河相對。

3. 同一個人在月球上跳高會比在地球上跳得高。

解 對

> **趣味提示**：月球的引力只有地球的1／6，因此人在月球上受到的引力也就小得多。如果太空人能在地球上跳一公尺，忽略其他因素的話，那麼他在月球上就能跳6公尺。

4. 在地球上，午夜12點時不可能看見金星。

解 對

> **趣味提示**：在地球上看金星和太陽的最大視角不超過48度，因此金星不會整夜出現在夜空中。中國民間稱黎明時分的金星為啟明星，傍晚時分的金星為長庚星。金星自轉一周比公轉一周還慢，並且是逆向自轉，所以金星上的一年比一天還短，而且在金星上看到的太陽是西升東落的。

5. 「七月流火」指天氣轉涼。

解 對

> **趣味提示**：「七月」指夏曆的七月；「流」，指移動，落下；「火」指星名「大火星」（不是繞太陽運行的火星），即心宿。「大火星」是一顆著名的紅巨星，能放

出火紅色的光亮，每年夏曆的五月黃昏，位於正南方，位置最高。夏曆的七月黃昏，大火星的位置由中天逐漸西降，「知暑漸退而秋將至」。人們把這種現象稱作「七月流火」。

二、智慧選擇

1. 太空人在飛船裡處於失重狀態，生活和在地面上完全不同，他們在哪裡洗澡呢？

❏　A、浴盆

❏　B、封閉的口袋

❏　C、淋浴

解 B

趣味提示：太空人在一個類似睡袋的封閉口袋中洗澡，袋子可以射出清水和浴液。搓洗完畢後，可以打開袋下的抽風機，把髒水抽走。

2. 一年中最炎熱的時候是：

❏　A、夏至

❏　B、大暑

解 B

趣味提示：「大暑」在每年的7月23日或24日，太陽到達黃經120⁰。《月令七十二候集解》：「六月中……暑，熱也，就熱之中分為大小，月初為小，月中為大，今則熱氣猶大也。」這時正值「中伏」前後，是一年中最熱的時期。

---

3. 《甘石星經》是中國、也是世界上最早的一部天文學著作，它是什麼時期完成的？

　　❏　A、春秋時期

　　❏　B、戰國時期

　　❏　C、三國時期

解 B

趣味提示：戰國時期，齊國甘德寫有《天文星占》8卷，魏國石申寫有《天文》8卷，後人把這兩部合為一部，稱《甘石星經》。在這本書中有他們系統觀察的金、木、水、火、土五大行星的運行及五大行星運行的規律；還記錄有800顆恒星的名字，測定了121顆恒星的方位。

---

4. 當天空出現彎曲彩虹的時候最外層的顏色是：

　　❏　A、紫色

　　❏　B、黃色

　　❏　C、紅色

　　❏　D、橙色

解 C

趣味提示：夏天雷雨或陣雨過後，天空常常出現一條非常美麗的弓形彩帶，從它的外層向裡，整齊地排列著紅、橙、黃、綠、藍、靛、紫七種顏色，這就是虹。

5. 人們常用「太陽從西邊出來」比喻不可能的事，但這對太陽系中的哪顆行星來說卻是事實？

　　❏　A、水星

　　❏　B、金星

　　❏　C、火星

　　❏　D、木星

解 B

趣味提示：太陽系九大行星中，只有金星的自轉方向是從東往西，所以在金星上看到的太陽每天都是西升東落的。

6. 流星發光是因為：

　　❏　A、反射陽光

　　❏　B、自身發光

　　❏　C、摩擦碰撞

　　❏　D、月光反射

解 C

趣味提示：流星是闖入大氣的流星體，因與大氣分子發生劇烈的碰撞摩擦而產生明亮的光輝和餘跡。

7.「月有陰晴圓缺」是由什麼引起的？

　　☐　A、月亮繞地球運動

　　☐　B、地球繞太陽運動

　　☐　C、月亮自轉

解 A

趣味提示：月亮繞地球運動的過程中，它與地球、太陽的位置不斷發生變化，而它本身又不發光而反射太陽光，導致了月亮的圓缺變化。

---

8. 晴朗的夜空中，星星為什麼是一閃一閃的？

　　☐　A、星星本身就發出閃爍的光

　　☐　B、太陽光的照射作用

　　☐　C、星際物質的遮擋作用

　　☐　D、大氣的折射作用

　　☐　E、對月光的反射

解 D

趣味提示：宇宙中，大部分星星是發光的，星星發出的

光要經過大氣,大氣各層的密度不一樣,光線要發生折射。而高空的大氣氣流是不穩定的,其溫度、密度時刻發生變化,這就會引起折射情況的變化,使得我們看見星星會閃光。

9. 國際換日線是指:

- ❏ A、0度經線
- ❏ B、180度經線

解 B

趣味提示:國際規定,180度經線作為國際換日線。

10. 運載火箭大多數朝哪個方向發射?

- ❏ A、東
- ❏ B、西
- ❏ C、南

解 A

趣味提示:大多數時候,運載火箭發射方向同地球自轉方向一致,這樣火箭初速度大,消耗能量少。

三、趣味搶答

> 1. 觀察有指標的錶的錶盤，我們會發現秒針是向右轉的。不光是秒針，表示分和小時的針也是向右旋轉的。這是為什麼？

解 錶的指標向右旋轉是因為日晷影子的運動是向右旋轉的。據說日晷是很久很久以前中國人發明的。很久以前中國人就知道太陽是按照一定規律運動的，並根據太陽影子的位置，發明了用來計時的日晷。中國在北半球，日晷的影子都是向右旋轉運動的。因此，現在的錶的指標也是向右旋轉的。

> 2. 請在敘述過程中搶答：這顆行星的名字是什麼？

（1）它最接近太陽，是太陽系中第二小行星。

（2）它在許多方面與月球相似，它的表面有許多隕石坑而且十分古老，它也沒有板塊運動。

（3）它沒有衛星，它只在黎明或白天出現，因此在地球上觀測它較為困難。

解 水星

3. 請在敘述過程中搶答：這顆行星的名字是什麼。

（1）在它的上面沒有發現任何生命的蹤跡，它的表面滿
　　布著沙丘、岩石和火山口。

（2）它與地球有許多相似的地方。它的上面既有四季的
　　變化，也有白天和黑夜的變替；自轉週期為24小時
　　37分；從它的上面看太陽也是東升西落。但就其體
　　積而言，卻比地球小得多。

（3）它是地球的近鄰。天文學家常把它稱為天宮中的小
　　地球。

解 火星

**4. 古巴比倫人創立了星期記日法，他們把星期制的七
天，分別配上一個天體的名字，星期也即星的日期
的意思，有時也把星期叫做「曜日」。請把下面代
表一個星期中的一天的名稱按順序排列：a土曜日b
日曜日c木曜日d火曜日e金曜日f月曜日g水曜日**

解 b→f→d→g→c→e→a

什麼是「黑色星期五」

在西方，如果13號正逢星期五，就稱之為「黑色星期五」。有很多的西方人忌諱「13」，原因是，按照迷信的說法，只要到每月的13日這一天，12個巫婆都要舉行狂歡宴會，第13個魔鬼撒旦就會在宴會高潮時出現，給人們帶來災難。因此，西方人不僅忌諱「13」日，也忌諱「13」這個數字。很多西方人也忌諱「星期五」。《聖經》說，上帝創造了第一個男人—亞當後，從他身上取下一根肋骨又造了一個女人—夏娃。據說，亞當是在星期五被造出來的，他和夏娃吃禁果也在星期五，他倆死的日子也是星期五，亞當和夏娃的兒子該隱也是在「黑色星期五」殺死了他的弟弟亞伯。正因為有上述傳說，西方人很是忌諱「13」，同時也忌諱「星期五」。要是「13日」這一天正好趕上「星期五」，則被認為更不吉利，稱之為「黑色星期五」。

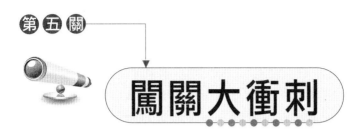

第五關

闖關大衝刺

　　「追星族」從來不會滿足於只是知道明星的隱私，他們總想走到明星跟前。其實，科學家們又何嘗不是如此呢？他們想親自到其他星球上去考察，就像踏上一塊遙遠的新大陸。

一、快速判斷

1. 一年中至少會發生兩次日食。

解 對

> **趣味提示：** 日食就是太陽被月球遮蔽的現象。日食的發生要滿足兩個條件：一是月球在朔的時候，二是太陽同交點的距離在日食以內。因此朔望月與交點年的最小公倍數就與日食的週期有關。一年中至少會發生2次日食，最多可發生5次，沒有日食的年頭是沒有的。1個朔望月平均大約是29.5天，但為什麼日食和月食並不是每個月

的朔和望都發生呢？原來地球繞太陽公轉的軌道（黃道），與月球繞地球公轉的軌道（白道）並不在同一個平面上，而是大約有5度的夾角，黃道與白道相交的交點，依月球在軌道上是由南向北或由北向南運動，分別稱為升交點和降交點。只有當朔或望時，太陽和月球的位置剛好運行到交點前後一定的距離內，才可能發生食的現象。

2. 人在月球上走路會變得很輕鬆。

解 對

趣味提示：人的體重是由地球的吸引力決定的，人在月球上的體重也是由月球的吸引力決定的。地球的體積是月球的六倍，故月球對人的吸引力只有地球的1／6，所以人在月球上行走很輕鬆。

3. 日食的預報可以準確到分秒不差。

解 對

趣味提示：日食的預報可以準確到分秒不差，那是由於對地球和月球的運動規律已經充分掌握，而且月球上沒有空氣，邊緣是異常清楚的圓弧，它和太陽表面遮掩的時間自然是準確無誤的。

4. 我們在太空能清楚地看見長城。

解 錯

趣味提示：眼睛的解析度指眼睛能夠分辨兩個相鄰近的點或線的能力，通常以剛能被分開的兩點或兩線對眼睛瞳孔中心的張角來表示。人眼解析度的張角是六分，即0.1度，也就是圓周的1／3600。照此方法我們不難推算出，只要在36公里的高度，長城就會從我們的視線內消失。

5. 一個人在赤道上稱了一次自己的體重，身體條件相同的情況下又到北極稱了一次，那麼赤道輕，北極重。

解 對

趣味提示：不同的物體重量不同，同一物體在地球上的位置不同，它的重量也有差異。1千克的物體，在赤道上稱得重量是0.0973千克，而在北極稱之則是1.0026千克。同一物體所處位置不同，其質量不變，重量則愈近兩極和愈接近地面愈大。

二、智慧選擇

1. 地球同步氣象衛星的軌道高度應該是：

　　❏　A、35800公里

　　❏　B、24900公里

　　❏　C、8000公里

　　❏　D、13000公里

解　A

　趣味提示：地球同步氣象衛星的運行高度約為35800公里，其軌道平面和地球的赤道平面重合，運行週期和地球自轉週期相等。

2. 古時候的「三更四點」是現在的晚上幾點幾分？

　　❏　A、11時24分

　　❏　B、11時36分

　　❏　C、12時24分

　　❏　D、12時36分

解 D

> **趣味提示**：古代把晚上戌時作為一更，亥時作為二更，子時作為三更，丑時為四更，寅時為五更。把一夜分為五更，按更擊鼓報時，又把每更分為五點。每更就是一個時辰，相當於現在的兩個小時，即120分鐘，所以每更裡的每點各占24分鐘。由此可見，「三更四點」相當於現在的凌晨12時36分。

---

3. 2004年初，美國太空總署的兩架火星探測車成功登陸，他們不包括下面哪個？

☐　A、勇氣號

☐　B、機會號

☐　C、水手號

解 C

> **趣味提示**：2004年1月3日，美國太空總署的「勇氣號」火星車成功登陸火星，開始了探測紅色星球的征程。1月24日，「機會號」也成功著陸這個紅色的星球，它們能夠鏟起泥土，開鑿岩石並檢查樣本，不斷向地面控制人員發回火星岩石、土壤和大氣的資訊並拍攝大量圖片。

4.「三伏」一般指一年中最熱的時期，那麼初伏是幾天？

- [ ] A、10天
- [ ] B、15天
- [ ] C、20天
- [ ] D、30天

解 A

> **趣味提示**：中國舊曆中所規定的夏季常年相對最熱的三個連續時段，即頭伏、二伏和三伏，統稱為伏天或三伏。夏至後第三個庚日為頭伏（或初伏）始日，第四個庚日為中伏始日，立秋後的第一個庚日為末伏（或三伏）的始日，每伏10天，但有些年份中伏為20天。

5. 颱風登陸後，風力將會：

- [ ] A、增強
- [ ] B、不變
- [ ] C、減弱

解 C

> **趣味提示**：颱風是圍繞低氣壓中心猛烈旋轉的熱帶大氣旋渦，當它登陸後，受到粗糙不平的地面摩擦影響，風力就會大大減少。

6. 日食總是發生在什麼時候？

　　□　A、初一

　　□　B、十一

　　□　C、十五

解　A

　　趣味提示：日食只會發生在當月球位於太陽和地球中間，並沿同一條直線排列時。這種條件只有當新月時（新月的第一天）才會發生。

---

7. 彗星從構成上看更像一個：

　　□　A、氣體球

　　□　B、石頭球

　　□　C、髒雪球

解　C

　　趣味提示：彗星物質主要由水、氨、甲烷、氰、氮、二氧化碳等組成，而彗核則由凝結成冰的水、二氧化碳（乾冰）、氨和塵埃微粒混雜組成，是個「髒雪球」。

---

8. 地球的赤道半徑和極半徑哪一個長？

　　□　A、赤道半徑

　　□　B、極半徑

解　A

趣味提示：地球形狀像球而略扁，赤道半徑約為6378.2公里，極半徑約為6356.8公里。

9. 北斗星的「斗柄」共有幾顆星？

　　☐　A、2顆

　　☐　B、3顆

　　☐　C、4顆

解 B

趣味提示：北斗星是在北天排列成斗（成杓）形的七顆亮星。它們是：（1）北斗一（天樞）；（2）北斗二（天璇）；（3）北斗三（天璣）；（4）北斗四（天權）；（5）北斗五（玉衡）；（6）北斗六（開陽）；（7）北斗七（瑤光）。（1）到（4）叫「斗魁」，又名「璇璣」；（5）到（7）叫「斗杓」，即「斗柄」。

三、趣味搶答

1. 怎樣找北極星？

解 在天空中很容易找到北極星：先找到大熊星座，再找到北斗七星。從勺頭邊上的那兩顆指極星引出一條直線，它延長過去正好通過北極星。北極星到勺

頭的距離，正好是兩顆指極星間距離的5倍。也可以透過「仙后座」找北極星。

> **2. 藍天有多高？**

解 藍天，其實是地球的大氣層。大氣層是包圍著地球的空氣，根據空氣密度的不同分為5層，總共有2000～3000公里厚。但絕大部分空氣都集中在從地面到15公里高以下的地方，越往高處空氣越稀薄。大氣層有多厚，藍天就應該有多高。

> 3. 一副撲克有54張牌，有人潛心研究後，發現撲克的設計與天文、曆法有著微妙的聯繫。你能說出撲克與天文、曆法到底有著哪些微妙的聯繫嗎？（請至少說出兩點）

解 （1）大王代表太陽，小王代表月亮。

（2）去掉大小王，餘下五十二張代表一年有五十二個星期。

（3）四種花色代表一年有四季。

（4）一種花色有十三張牌代表一季有十三個星期。

（5）12張花牌（J、Q、K）正好與一年中的12個月相吻合。

（6）4種花色中的紅色代表白晝，黑色代表黑夜。

（7）每一季度91天，而每組花色13張牌的點數相加恰好是91。

（8）如把整副牌點數相加，再加上小王1點，總點數是365點，正好是陽曆平年的天數；假如再加上大王1點，則與閏年天數366相符。

4. 什麼是標準時間？

解 同一瞬間，地球上各地的時間是不一樣的，東邊的時刻早，西邊的時刻晚。

從前，每個地方各用各的時間。這在古代交通不發達、往來不多的情況下，還沒有什麼不合適。但到了近代，隨著交通的發達，各地交往的頻繁，就出現了諸多不便。

　　有這樣一件爭執案：1858年11月24日，英國多塞特郡的時鐘指在10時6分，該郡一位法官判決一名土地訴訟的人敗訴，因為10時開庭時，他沒有準時到庭。但是，兩分鐘後，那人到了庭，當即向法官指出，按照他家鄉肯柏蘭郡喀來耳鎮火車站的時鐘，他是準時到達的，因此，這件案子必須重審。

　　火車站與法庭的時間差異，促使英國統一時間。但直到1880年，英國國會才決議以格林威治時間為全國的標準時間，那裡天文臺的格林威治大鐘從此便決定著整個英國的時間。大約從1884年起，格林威治標準時間也為其他國家所承認。

趣味樂園

颱風是怎樣命名的

　　依照世界氣象組織於1998年12月在菲律賓馬尼拉召開的第31屆颱風委員會的決議，自2000年1月1日起，在國際航空及航海上使用的西北太平洋及南海地區颱風統一識別方式，除編號維持現狀外（例如2000年第1個颱風編號為0001），颱風名稱將由現行4組92個名字全部更換，編列為140個，共分5組，每組28個，這些名字是由西北太平洋及南海海域國家或地區、14個颱風委員會成員所提供（每個成員提供10個）。此名稱將由設於日本東京隸屬世界氣象組織的區域專業氣象中心（RSMC）負責依排定的順序統一命名。至於各國（或地區）轄區內部的颱

風報導是否使用這些颱風名稱，則由各國（或地區）自
行決定。

西北太平洋及南海颱風自1947年開始由設於關島的美軍
聯合颱風警報中心（JTWC）統一命名，早期命名方式全
以女性名字依英文字母排列命名，1979年開始改以男女
名字相間的順序命名，沿用至今。

Part ②

地理名勝

讀萬卷書，不如行萬里路。自然山水，四海風光，名勝古跡……漫遊天下是多麼令人神往。一起出發吧，讓我們走向廣闊山野，去領略地球的無窮魅力！

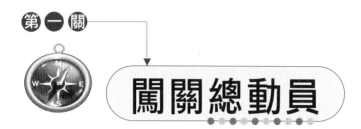

第一關

闖關總動員

　　徐霞客說過：「大丈夫當朝碧海而暮蒼梧。」從古至今，每一個關注未來、崇尚自然、愛好探險、追求科學的人都對地理情有獨鍾。

一、快速判斷

> 1. 中國汛期最長的河流是長江。

解 錯

　　趣味提示：中國汛期持續時間最長的河流是珠江。

> 2. 長江從東往西流，而黃河恰恰相反，是從西往東流。

解 錯

　　趣味提示：長江、黃河都是從西往東流，因為中國的地勢是西部高，東部低。

3. 廣西桂林到陽朔灕江兩岸是世界上規模最大、風景優美的岩溶景區，一向有「甲天下」之譽。

解 對

趣味提示：從桂林市區到陽朔的水程是世界上規模最大、景色最優美的岩溶景區。形態各異的青峰夾岸聳立，奇花異草點綴其間，深邃幽奇的岩溶洞穴遍佈群山之中。兩岸翠竹簇簇，農舍點點，風光旖旎，山水如畫，有「山青、水秀、洞奇、石美」四絕，更有「洲綠、灘險、潭深、流泉、瀑飛」之勝景。

4. 武當山是中國的四大佛教名山之一。

解 錯

趣味提示：中國的四大佛山分別為浙江普陀山、安徽九華山、四川峨嵋山、山西五臺山。

5. 「海的女兒」是哥本哈根市的城徽。

解 對

趣味提示：哥本哈根共有二十多個可供人們參觀的博物館和十多個大大小小的公園。其中最美麗的要算哥本哈根朗厄里尼港灣畔的海濱公園。在那裡的一塊巨大的岩石上，有一尊世界聞名的「美人魚」銅像。這是丹麥雕塑家艾里克森於1913年根據安徒生的童話故事《海的女兒》塑造的。它就像倫敦的大橋、巴黎的鐵塔，成為哥本哈根的標誌。

二、智慧選擇

1. 一年四季中，西藏沒有哪一個季節？

　　☐　A、春季
　　☐　B、夏季
　　☐　C、秋季
　　☐　D、冬季

解 B

趣味提示：按氣候分類，除東南緣河谷地區外，整個西藏全年無夏。年總太陽輻射量值高達5850～7950兆焦耳/

平方公尺，比同緯度東部平原高0.5～1倍。

2. 世界五大洲中，平均海拔最低的洲是：

- ❏ A、大洋洲
- ❏ B、非洲
- ❏ C、美洲
- ❏ D、歐洲

解 D

趣味提示：地球上最高的大陸是南極大陸。地球上其他幾個大陸的平均海拔為：亞洲950公尺，北美洲700公尺，南美洲600公尺，非洲560公尺，歐洲最低，只有300公尺，大洋洲的平均高度還不甚清楚，估計也不過幾百公尺。而南極大陸就其自然表面來說，其平均海拔為2350公尺。但是，如果把覆蓋在南極大陸上的冰蓋剝離，它的平均高度僅有410公尺，比整個地球上陸地的平均高度要低得多。

3. 下列哪個國家不是與中國陸上有接壤的國家？

- ❏ A、朝鮮
- ❏ B、菲律賓
- ❏ C、緬甸

　　☐　D、印度

解 D

　　趣味提示：一個國家的領土包括領海、領水、領陸及領土的底土和領空。印度不與中國陸上接壤。

---

4. 山脈常常成為氣候分界線，以下四個山脈中哪個是暖溫帶和亞熱帶分界線：

　　☐　A、天山
　　☐　B、祁連山
　　☐　C、秦嶺
　　☐　D、大巴山

解 C

　　趣味提示：秦嶺—淮河是中國的南北分界線（即亞熱帶與暖溫帶的分界線），這是秦嶺與中國其他山脈的最大不同點。

5.「咖啡王國」指的是

　　☐　A、巴西
　　☐　B、古巴
　　☐　C、智利

解 A

趣味提示：拉丁美洲大國巴西以咖啡質優、味濃而馳名全球，是世界上最大的咖啡生產國和出口國，素有「咖啡王國」之稱。

---

6. 被稱為「萬園之園」的古典園林建築是什麼園？

☐ A、頤和園

☐ B、圓明園

☐ C、拙政園

解 B

趣味提示：歷史上的圓明園，是由圓明園、長春園、綺春園（萬春園）組成。三園緊相毗連，通稱圓明園。共占地5200餘畝（約350公頃），比頤和園的整個範圍還要大出近千畝。它是清代封建帝王在150餘年間，所創建和經營的一座大型皇家宮苑。

---

7. 澳門媽閣廟內既供天后，又供觀音，還供孔明。所以又稱什麼？

☐ A、天后廟

☐ B、海神廟

解 A

趣味提示：天后廟為澳門最著名的名勝古跡之一，初建

於明弘治元年（1488年），距今已有五百多年的歷史，原稱媽祖閣。位於澳門的東南方，枕山臨海，倚崖而建，周圍古木參天，風光綺麗。主要建築有大殿、弘仁殿、觀音閣等殿堂。

---

8. 長江三峽中的三峽是瞿塘峽、巫峽、西陵峽的總稱。「三峽」中居中間位置的是哪個峽？

　　□　A、瞿塘峽
　　□　B、巫峽
　　□　C、西陵峽

解 B

趣味提示：巫峽在四川巫山和湖北巴東兩縣境內，西起重慶市巫山縣城東面的大寧河口，東迄湖北省巴東縣官渡口，綿延四十公里餘，包括金藍銀甲峽和鐵棺峽，峽谷特別幽深曲折，是長江橫切巫山主脈背斜而形成的，以幽深秀麗著稱。

---

9. 承德避暑山莊是中國著名古代帝王宮苑，這座規模宏大的皇家園林擁有殿、堂、樓、館、亭、榭、閣、軒、齋、寺等建築100餘處，歷時多少年才得以完全建成？

　　□　A、57年

　　　□　B、67年

　　　□　C、87年

解　C

趣味提示：承德避暑山莊始建於康熙42年，又名承德離宮或熱河行宮，位於河北省承德市中心北部，是清代皇帝夏天避暑和處理政務的場所。與北京紫禁城相比，避暑山莊以樸素淡雅的山村野趣為格調，取自然山水之本色，吸收江南塞北之風光，成為中國現存占地最大的古代帝王宮苑。

10. 埃及的斯芬克斯獅身人面像是世界上最古最大的巨石像，它是在哪一年被發現的？

　　　□　A、1816年

　　　□　B、1817年

　　　□　C、1818年

解　A

趣味提示：獅身人面像坐落在開羅西南的吉薩大金字塔近旁，與金字塔同為古埃及文明最有代表性的遺跡。除了前伸達15公尺的獅爪是用大石塊鑲砌外，整座像是在一塊含有貝殼之類雜質的巨石上雕成。面部是古埃及第四王朝法老（即國王）哈夫拉的臉型。

三、趣味搶答

1. 地理謎語（以下每項各答一城市名）

（1）螢火蟲，亮晶晶

（2）海中綠洲

（3）日近黃昏

（4）空中碼頭

（5）雙喜臨門

解 分別是昆明、青島、洛陽、連雲港、重慶。

2.「香格里拉」一詞現在成了什麼意思的代名詞？

解 世外桃源。

3. 請將下列佳句與其相應的建築連接起來。

☐　A、落霞與孤鶩齊飛，秋水共長天一色。

☐　B、覆壓三百餘里，隔離天日。

☐　C、先天下之憂而憂，後天下之樂而樂

☐　D、三山半落青天外，二永中分白鷺洲

　　　a.岳陽樓

　　　b.滕王閣

c.阿房宮

d.黃鶴樓

解 A—b；B—c；C—a；D—d。

---

4. 請將下列古城建築與其建設年代連接起來。

❑ A、荊州古城　　a.三國

❑ B、平遙古城　　b.西周

❑ C、襄陽古城　　c.宋末元初

❑ D、麗江古城　　d.漢代

解 A—a；B—b；C—d；D—c。

---

5. 請將下面的風景名勝與它們的雅稱用線連接。

❑ A、石林　　　　a.山水甲天下

❑ B、安寧溫泉　　b.天下第一名剎

❑ C、少林寺　　　c.天下第一湯

❑ D、桂林　　　　d.天下第一奇觀

❑ E、樂山大佛　　e.天下第一大佛

解 A—d；B—c；C—b；D—a；E—e。

趣味樂園

世界重要地理界線

熱帶和（北）溫帶：（北）回歸線；熱帶和（南）溫帶：
（南）回歸線

（北）寒帶和（北）溫帶：（北）極圈；（南）寒帶和
（南）溫帶：（南）極圈

亞洲和歐洲：烏拉爾山、烏拉爾河、大高加索山、土耳
其海峽

亞洲和非洲：蘇黎士運河、紅海

亞洲和北美洲：白令海峽

南美洲和北美洲：巴拿馬運河

歐洲與非洲：直布羅陀海峽、地中海

南極洲和南美洲：得雷克海峽

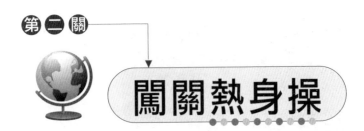

從古老的金字塔到現代的雪梨歌劇院，從蜿蜒的亞馬遜河到遼闊的青藏高原，從小橋流水人家的周莊到人跡罕至的珠穆朗瑪峰，讓我們一起進入奇妙的世界，體驗全新的經歷。

一、快速判斷

> 1. 世界上種植面積最大、種植量最廣泛的糧食作物是水稻。

解 錯

趣味提示：世界上種植面積最大、種植量最廣泛的糧食作物是小麥。

> 2. 被稱為「瓷都」的是中國的景德鎮。

解 對

趣味提示：景德鎮是一座歷史悠久的江南名城，漢唐以來即以盛產陶瓷而著稱；宋代以後與漢口鎮、佛山鎮、朱仙鎮並列為中國四大名鎮；明清之際，發展為中外聞名的瓷都；為中國第一批二十四個歷史文化名城之一，並被列為開放城市。景德鎮是中國的「瓷都」，也是世界的「瓷都」。

3. 匯入大西洋最長的河流是亞馬遜河。

解 對

趣味提示：亞馬遜河全長6440公里，在世界河流中位居第二，僅次於長6695公里的尼羅河。亞馬遜河每秒鐘把116000立方公尺的水注入大西洋，流量比薩伊河約多三倍，比密西西比河多十倍，比尼羅河多六十倍，占全球入海河水總流量的五分之一。

4. 愛斯基摩人居住在北極。

解 對

趣味提示：「愛斯基摩（Eskimos）」一詞是由印第安人首先叫起來的，即「吃生肉的人」。因為歷史上印第安人與愛斯基摩人有衝突，所以這一名字顯然含有貶義。因此，愛斯基摩人並不喜歡這名字，而將自己稱為「因

紐特（Inuit）」或「因紐皮特」人，即愛斯基摩語中「真正的人」之意。愛斯基摩人是由從亞洲經兩次大遷徙進入北極地區的，經歷了4000多年的歷史。由於氣候惡劣，環境嚴酷，他們基本上是在死亡線上掙扎，能生存繁衍至今，實在是一大奇蹟。

5. 世界上最大的高原是青藏高原。

解 錯

趣味提示：世界上最大的高原是巴西高原，面積500多萬平方公里；青藏高原約為250萬平方公里。

二、智慧選擇

1. 中國的海岸線長多少公里？

☐　A、18000公里
☐　B、18500公里

解 A

趣味提示：中國海岸線長，有18000多公里，海洋面積廣闊，有300多萬平方公里。

2. 智利又被稱為「蛇國」，是因為什麼？

❏　A、該國多產蛇

❏　B、該國版圖像蛇形

❏　C、該國崇拜蛇

答案；B

趣味提示：智利領土最狹長處南北4330公里，而東西只有90～400公里，因版圖像蛇，故得此名。

3. 澳大利亞的大堡礁是世界最大的：

❏　A、火山島群

❏　B、珊瑚礁群

❏　C、大陸島群

解 B

趣味提示：大堡礁是澳大利亞東北海岸外一系列珊瑚島礁的總稱，斷續綿延2000餘公里，是世界上最大的珊瑚礁群。眾礁體由約350種珊瑚蟲骨骼堆積而成。

4. 大陸地殼最厚的地方是：

❏　A、喜馬拉雅山的珠穆朗瑪峰

❏　B、日本富士山

    ☐ C、厄瓜多爾欽博臘索山

解 A

趣味提示：地球層圈的最外層，由岩石組成固體硬殼。
按成分可分上、下兩層：上層為花崗岩層，又稱矽鋁層；
下層為玄武岩層，又稱矽鎂層。其底界，即莫霍羅維奇
不連續面（莫霍面）。地殼平均厚度為17公里，各處不
一。大陸地殼平均厚度35公里，中國青藏高原處厚達70
公里，是世界地殼最厚的地方。海底地殼平均厚度約為6
公里，環太平洋深海溝區域的地殼厚度不足2公里，是世
界上地殼最薄的地方。

---

5. 澳大利亞雪梨歌劇院是世界聞名的經典建築，它的
建築方案是哪國的建築師設計的？

    ☐ A、美國
    ☐ B、中國
    ☐ C、丹麥
    ☐ D、日本

解 C

趣味提示：雪梨歌劇院（Sydney Opera House）又稱海中
歌劇院。是澳大利亞全國表演藝術中心，同時也是澳大
利亞的標誌性建築。它的設計者是丹麥建築師約翰‧烏松。

6. 北京頤和園原是帝王的行宮和花園，昆明湖占全園面積的3/4，湖中有一座南湖島，由一座美麗的十七孔橋與岸上相連。十七孔橋是園內最大的一座橋樑，長達多少公尺？

　　☐　A、140
　　☐　B、150
　　☐　C、160
　　☐　D、170

解 B

趣味提示：頤和園是中國現存規模最大、保存最完整的皇家園林，是中國重點文物保護的地方，1998年被聯合國教科文組織列入世界文化遺產目錄。十七孔橋是頤和園最大的橋，十七乃九重天的意思。

7. 埃及胡夫金字塔建於埃及第四王朝，是埃及90多座金字塔中最高的一座，它以多少度的斜面直插天際？

❏　A、48度

❏　B、50度

❏　C、51度

❏　D、52度

解 D

趣味提示：胡夫金字塔面與面之間的角度是51度50分9秒，其體積約235萬2千立方公尺，用了高達230萬～250萬塊石灰岩建造，其也是世界上質量最大的單一古代建築物體。

8. 北京的北海公園位於故宮後門外北側，是哪一朝的皇家園林？

❏　A、明朝

❏　B、清朝

❏　C、元朝

❏　D、宋朝

解 B

趣味提示：北海公園位於市中心區，在故宮的西北面，因與中海、南海分稱三海而得名。這裡原是遼、金、元、

明、清5個朝代逐漸修建而成的帝王宮苑，是中國現存最古老、最完整、最具綜合性和代表性的皇家園林之一。全園以神話中的「一池三仙山」（太液池、蓬萊、方丈、瀛洲）構思佈局，形式獨特，富有濃厚的幻想意境色彩。

9. 青島嶗山原為（ ）教名山？

- ☐　A、道
- ☐　B、佛
- ☐　C、伊斯蘭

解 A

趣味提示：嶗山是中國著名的道教名山，典盛時期，有「九宮八觀七十庵」，全山有上千名道士。著名的道教人物丘長春、張三豐都曾在此修道。原有道觀現大多毀壞。保存下來的乙太清宮的規模為最大，歷史也最悠久。太清宮又名下清宮，始建於北宋初年，迄今已有近千年的歷史。

三、趣味搶答

1. 蘇州附近有一處作為旅遊名勝的小鎮，始建於北宋時期，近千年來仍完整地保存著獨特而古樸的江南水鄉風貌。小鎮內河汊縱橫，滿街房屋粉牆花窗，傍水而築。這座小鎮叫什麼名字？

解 周莊

2. 請劃線連接下列城市和別稱。

❑　A、春城　　　a.廣州

❑　B、羊城　　　b.拉薩

❑　C、日光城　　c.昆明

❑　D、山城　　　d.濟南

❑　E、瓷都　　　e.重慶

❑　F、泉城　　　f.景德鎮

解 A—c；B—a；C—b；D—e；E—f；F—d。

3. 請將下面的各大名山與它們的雅稱連接起來。

❑　A、雁蕩山　　a.五嶽獨尊

☐ B、普陀山　　　b.天下奇秀

☐ C、九華山　　　c.天下第一奇山

☐ D、黃山　　　　d.東南第一山

☐ E、華山　　　　e.天下第一險

☐ F、泰山　　　　f.海山第一

解 A—b；B—f；C—d；D—c；E—e；F—a。

4.將下面的旅遊城市與它們所盛產的名品用線連接起來。

☐ A、蘭州　　　a.絲綢

☐ B、揚州　　　b.雲錦

☐ C、廣州　　　c.夜光杯

☐ D、南京　　　d.漆器

☐ E、無錫　　　e.墨硯

解 A—c；B—d；C—e；D—b；E—a。

> 5. 義大利的威尼斯、荷蘭的阿姆斯特丹和瑞典首都斯德哥爾摩都是舉世聞名的水城，其實在亞洲也有兩座水城不遜於它們，你知道是哪兩座城市嗎？

解 蘇州、曼谷

趣味樂園

中國六大古都

北京：歷史上曾為燕、金、元、明、清的首都。

西安：最早在此建都的是周朝，武王滅商後，定都鎬京。西元前202年，劉邦統一全國，建立西漢，定都長安。以後，前趙、前秦、後秦、西魏、北周和隋、唐各代，也均在此建都。

洛陽：自東周之後，先後有八個朝代在此建都，故有「九朝古都」之稱。洛陽的古城有三座：一座是周代的「土座」，也叫「洛邑」或「東都」，位置在今洛陽之西，是周成王所建。第二座是「漢魏古城」，也就是東漢、曹魏、西晉、北魏各代的首都，位置在今洛陽以東白馬寺。第三座是隋、唐洛陽城，隋、唐的都城是長安，但

一些皇帝如隋煬帝、唐太宗、唐高宗、武則天等卻經常居住在洛陽，當時也稱洛陽為「東京」。五代十國的後梁、後唐，也在洛陽建過都。

開封：戰國時期曾為魏國都城，當時叫「大梁」（戰國時，魏都初為安邑，魏惠王時始遷都大梁）。開封在隋、唐稱汴州，唐末朱溫廢唐皇，建後梁，定都汴州，改為開封府。五代時期的後晉、後漢、後周也都在此建都，稱為東京。西元960年，趙匡胤「陳橋兵變」建北宋，仍以開封為國都。

南京：中國最大的古都之一，三國時的東吳和以後的東晉、宋、齊、梁、陳共六個朝代，皆以南京為都城，所以南京又稱「六朝古都」。後來南唐也以它為國都，改稱為江寧府。明初，朱元璋定都南京。太平天國革命軍攻下南京後，定都於此，改為「天京」。

杭州：這裡曾是五代十國吳越都城。南宋以杭州為首都，稱臨安府。

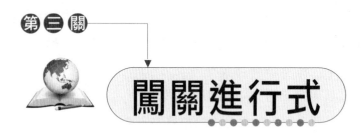

「騎在羊背上的國家」、「音樂之城」、「園林之城」、「立體的聖經」……這一切是如此壯麗神奇，向我們娓娓講述了時光雕刻在這片土地上的動人傳說。

一、快速判斷

1.「騎在羊背上的國家」是指澳大利亞。

解 對

趣味提示：當初到澳大利亞的第一批移民帶來了20幾隻羊。由於澳大利亞的草原廣布，中央大盆地自流井較多，適合畜牧業發展，因此，畜牧業迅速發展。現在澳大利亞的羊比人多20倍。

2. 雪梨被稱為「音樂之城」。

解 錯

趣味提示：「音樂是維也納的靈魂，沒有音樂也就沒有維也納。」維也納是一座歷史悠久的名城。18世紀以來成為歐洲古典音樂的中心、華爾滋舞曲的故鄉。

3. 世界上歷來有「西珠不如東珠，東珠不如南珠」之說法，其中「南珠」的產地是緬甸。

解 錯

趣味提示：北海——這座中國南海北部灣畔古老而現代的美麗城市，自古以來便是馳名中外的合浦南珠產地。所產珍珠歷來以質地凝重、光澤晶瑩、顆粒渾圓以及藥效顯著而聞名於世。

4. 中國幅員遼闊，有很多盆地，其中地勢最高的盆地是柴達木盆地。

解 對

趣味提示：柴達木盆地底部海拔在2600～3000公尺，是中國地勢最高的內陸盆地。

5. 太平洋是世界第一大洋，它的面積約占地球海洋表面的50%。

解 對

> 趣味提示：太平洋的面積是17967.9平方公里，約占世界海洋總面積的一半，占地球表面積的1／3以上。

二、智慧選擇

1.黃河是中華民族的搖籃，它發源於：

- ☐ A、唐古拉山山脈
- ☐ B、巴顏喀拉山山脈

解 B

> 趣味提示：長江發源於唐古拉山北麓格拉丹冬雪山，年平均徑流量為177億立方公尺；黃河發源於巴顏喀拉山北麓，年平均徑流量232億立方公尺。

2. 唯一跨兩洲的城市是：

- ❏ A、庫斯科
- ❏ B、烏魯木齊
- ❏ C、伊斯坦布爾城

解 C

趣味提示：秘魯庫斯科是離太陽最近的城市；中國烏魯木齊是離海最遠的城市；土耳其伊斯坦布爾城跨歐亞兩洲。

3. 七大洲中面積最小的是：

- ❏ A、南極洲
- ❏ B、北美洲
- ❏ C、大洋洲
- ❏ D、南美洲

解 C

趣味提示：亞洲：面積4400萬平方公里，是世界第一大洲。非洲：面積約3000萬平方公里，是世界第二大洲。北美洲：面積約2400萬平方公里，是世界第三大洲。南美洲：面積約1800萬平方公里，是世界第四大洲。南極洲：面積1400萬平方公里，是世界第五大洲。歐洲：面積約1000萬平方公里，是世界第六大洲。大洋洲：面積約900萬平方公里，是世界上最小的一個洲。

4. 世界旅遊組織將哪一天定為世界旅遊日？

    ☐ A、5月13日

    ☐ B、9月27日

解 B

趣味提示：世界旅遊日是在1979年9月27日世界旅遊組織第3次代表大會上確定的。選定這一天為世界旅遊日，一是因為世界旅遊組織的前身「國際官方旅遊聯盟」於1970年的這一天在墨西哥城的特別代表大會上通過了世界旅遊組織的章程。此外，這一天又恰好是北半球的旅遊高峰剛過去、南半球的旅遊旺季剛到來的相互交接時間。

5. 既是法國最大的王宮建築，又是世界上最著名的藝術殿堂的是：

    ☐ A、羅浮宮

    ☐ B、凡爾賽宮

    ☐ C、盧森堡宮

解 A

趣味提示：羅浮宮位於巴黎市中心塞納河北岸，占地面積共達19.8公頃，建築物占地面積4.8公頃，全長680公尺。羅浮宮建築並不高，地面只有三四層，卻占地很廣，

是歐洲面積最大的宮殿建築，也是世界上最大的美術博
物館。

---

6. 天壇位於北京南端，是明清兩代皇帝每年祭天和祈
　禱五穀豐收的地方。天壇最有代表性的建築是哪一座？

　　☐　A、祈年殿
　　☐　B、皇乾殿
　　☐　C、皇穹宇

解 A

趣味提示：祈年殿是一座三重簷尖頂圓形大殿，是天壇
的主體建築，皇帝祈禱五穀豐登的所在。大殿建於高6公
尺的三層漢白玉石臺上，全磚木結構，直徑32.72公尺，
高38公尺，白牆、紅殿、藍簷、金頂。祈年殿建築獨特，
殿頂無大樑檁，全靠28根楠木巨柱和36根枋桷支撐。內
圍的四根「龍柱」，象徵一年四季；中圍12根「金柱」
象徵一年十二個月；外層12根「簷柱」表示一天十二時
辰，共計二十八根柱，代表天上28星宿。藻井由兩層斗
拱及一層天花組成，中間為金色龍鳳浮雕，結構精巧，
富麗華貴。

7. 位於貴州省鎮寧縣白水河上的黃果樹瀑布是中國最大的瀑布，它橫寬81公尺，落差為多少公尺？

- [ ] A、56公尺
- [ ] B、66公尺
- [ ] C、76公尺
- [ ] D、86公尺

解 B

趣味提示：黃果樹瀑布位於貴州省鎮寧布依族苗族自治縣境內的白水河上。白水河流經當地時河床斷落成九級瀑布，黃果樹為其中最大一級。瀑布寬約81公尺，落差66公尺，洪峰時流量達2000多立方公尺/秒，以水勢浩大著稱，是世界著名瀑布之一。瀑布後面的絕壁上凹成一洞，洞深20多公尺，洞口常年為瀑布所遮，人稱「水簾洞」，在此可觀看到瀑布飛下的奇特景象。

8. 被稱為「園林之城」的是哪座城市？

- [ ] A、揚州
- [ ] B、蘇州
- [ ] C、杭州

解 B

趣味提示：「江南園林甲天下，蘇州園林甲江南」。蘇州自西元前6世紀至明代建園，具有悠久歷史，城內外有170多處園林，這些園林可分為宅地園林、市郊園林和寺廟園林三大類。

9. 西歐最大的宮殿—凡爾賽宮坐落於哪兒？

- ☐ A、倫敦
- ☐ B、柏林
- ☐ C、巴黎

解 C

趣味提示：凡爾賽宮位於法國巴黎西南郊外伊夫林省省會凡爾賽鎮。1682年至1789年是法國的王宮，由宮殿和花園兩部分構成，範圍極大，圍牆有45公里長。

10. 世界最大的露天石刻大佛—樂山大佛始建於哪個朝代？

- ☐ A、宋朝
- ☐ B、明朝
- ☐ C、唐朝
- ☐ D、清朝

解 C

趣味提示：樂山大佛聳立於岷江岸邊，據史料記載，樂山大佛始建於唐玄宗開元初年（西元713年），修建歷時90年，最初修建的目的是為了震懾水患。

三、趣味搶答

1. 請把下列地區與相應的民居連接起來。

❑　A、北方地區　　　a四合院

❑　B、南方地區　　　b竹樓

❑　C、西北地方　　　c碉房

❑　D、青藏地區　　　d蒙古包

解　A—a；B—b；C—c；D—d。

2. 地理謎語（以下每條各答一城市名）

（1）銀河渡口

（2）急來抱佛腳

（3）說大話的嘴

（4）一模一樣

（5）千里戈壁

解　分別是天津、拉薩、海口、大同、長沙。

3. 將以下礦產資源與所對應的國家用線連接。

- ☐　A、銅　　　　　a.幾內亞
- ☐　B、黃金　　　　b.剛果
- ☐　C、鋁土　　　　c.尚比亞
- ☐　D、金剛石　　　d.南非

解　A—c；B—d；C—a；D—b。

4. 請在敘述中搶答：這座建築物的名稱。

（1）它建於12世紀，是世界上印度教建築中最精彩的珍品，它既是一座寺廟又是蘇利耶跋摩一世的陵墓。

（2）它豐富多采的雕塑裝飾與它嚴謹的勻稱設計形成對比，所有壁面都佈滿浮雕，其內容大部分取材於印度史詩《羅摩衍那》和《摩坷羅》中的神話故事。

（3）這個巨大的廟宇建築群位於柬埔寨，是世界上最大的寺廟建築群中最大和最著名的廟宇。

解　吳哥寺

5. 請在敘述中搶答：這座建築物的名稱。

（1）它是由一名義大利籍耶穌會士設計，並由日本工匠建造完成，糅合了歐洲文藝復興時期與當時東方建

築的風格，被稱爲「立體的聖經」。

（2）它原是一座教堂，現在只剩下門前的六十八級臺階和用花崗岩建成的前壁。

（3）它是澳門最具特色的名勝古跡，現已成爲澳門的標誌。

解 大三巴牌坊

香格里拉的由來

「香格里拉」一詞，源於藏經中的香巴拉王國，在藏傳佛教的發展史上，其一直作為「淨王」的最高境界而被廣泛提及，在現代詞彙中它又是「伊甸園、理想國、世外桃源、烏托邦」的代名詞。據藏經記載，其隱藏在青藏高原深處的某個隱秘地方，整個王國被雙層雪山環抱，由八個成蓮花瓣狀的區域組成，中央聳立的同環雪山，被稱為卡拉巴王宮，宮內居住著香巴拉王國的最高領袖。傳說中的香格里拉中具有最高智慧的聖人，他們身材高大，擁有自然力量，至今仍在人們看不到的地方借助高度發達的文明，透過一種名為「地之肚臍」的隱秘通道與世界進行溝通和聯繫，並牢牢地控制著世界。事實上，長期以來，這條「地之肚臍」的神秘通道，一直作為到達香格里拉王國的唯一途徑而成為尋找香格里拉的關鍵。

第四關

闖關加油站

上億年的繁衍生息造就了地球連綿不絕的地理詩篇，在這幅異彩紛呈的畫卷中，我們的未知永遠多於已知；我們的想像始終需要證實。不管是滄海或是桑田，大自然的精彩不會因我們的懵懂而褪色。

一、快速判斷

1.「早穿棉襖午穿紗，抱著火爐吃西瓜」說的是新疆的氣候特徵。

解 對

趣味提示：新疆晝夜溫差大，上面那句話反映的就是新疆的這種氣候特色。

2. 著名的壺口瀑布位於中國的山西省。

解 對

> **趣味提示**：壺口瀑布是黃河唯一的大瀑布，是山西省一大名勝，位於山西省吉縣縣城西南25公里，與陝西省宜川縣相鄰。

> 3. 世界上很多國家都有自己的國花，荷蘭的國花是玫瑰。

解 錯

> **趣味提示**：荷蘭的國花是鬱金香。第二次世界大戰期間，從1944年到1945年的冬季，荷蘭人稱之為「可怕饑荒的冬季」。當時，荷蘭境內食物缺乏，許多人就拿鬱金香的球根當做食物，才渡過饑荒危機。此後，就將鬱金香奉為國花，大量栽植。

> 4. 舉世聞名的泰姬陵在泰國。

解 錯

> **趣味提示**：泰姬陵是世界聞名的印度伊斯蘭建築的代表作。它位於印度北方邦亞格拉市郊。泰姬陵是莫臥爾王朝第五代皇帝沙賈汗為其愛妻泰姬‧瑪哈爾修建的陵墓。它始建於1631年，每天動用2萬名工匠，歷時22年才完成。

5. 紐約自由女神像用右手舉火炬。

解 對

> **趣味提示**：自由女神像右手高舉火炬，左臂抱著一本象徵美國《獨立宣言》的書。

二、智慧選擇

1. 巴西的通用語言是：

- ☐　A、英語
- ☐　B、巴西當地語
- ☐　C、法語
- ☐　D、葡萄牙語

解 D

> **趣味提示**：古代巴西為印第安人居住地。1500年4月22日，葡萄牙航海家卡布拉爾到達巴西。16世紀淪為葡萄牙殖民地。1807年拿破崙入侵葡萄牙，葡王室逃到巴西後，巴西實際上成了葡的帝國中心。經過歷史變遷，1967年改國名為巴西聯邦共和國。因此，葡萄牙語為巴西的通用語言也就不難理解了。

2. 世界上面積最大的宮殿是：

- ❏ A、克里姆林宮
- ❏ B、艾麗榭宮
- ❏ C、故宮
- ❏ D、白宮

解 C

趣味提示：故宮又稱紫禁城，位於北京市區中心，為明、清兩代的皇宮，有24位皇帝相繼在此登基執政。始建於1406年，至今已近600年。故宮是世界上現存規模最大、最完整的古代木構建築群。

3. 中國第一大江—長江最後注入＿＿＿＿＿，全長6300公里。

  ❑ A、東海

  ❑ B、黃海

  ❑ C、北海

解 B

趣味提示：金沙江是長江的上游，長江最後從上海注入黃海。

4. 埃及的國花是：

  ❑ A、睡蓮

  ❑ B、玫瑰

  ❑ C、月季

  ❑ D、荷花

解 A

趣味提示：睡蓮是埃及的國花，因其有著朝開幕合的習性和放射狀展放的花朵，故成為古埃及太陽崇拜的象徵物，每代的法老王都自稱是日出之神荷魯斯之子。

5. 美國國會大廈被稱為民有、民治、民享政權的最高
象徵。國會大廈又被美國人稱為「國會山」，這是
為什麼？

　　❑　A、大廈在人們心中的形象高

　　❑　B、大廈本身高

　　❑　C、坐落的地勢高

解 C

趣味提示：美國國會的辦公大樓，之所以被命名為國會
山，是因為它建在一處海拔為83英尺的高地上。美國參、
眾兩院構成的國會就在這裡舉行會議，通常被視為華盛
頓的象徵。

6. 我們常用「天涯海角」來形容很遠很遠的地方，實
際上，中國確實有一個地方叫「天涯海角」，它就在：

　　❑　A、雲南

　　❑　B、海南

　　❑　C、四川

　　❑　D、甘肅

解 B

趣味提示：天涯海角風景區位於三亞市區約23公里的天
涯鎮下馬嶺山腳下，前海後山，風景獨特。步入遊覽區，

沙灘上那一對拔地而起的高10多公尺、長60多公尺的青灰色巨石赫然入目。兩石分別刻有「天涯」和「海角」字樣，意為天之邊緣，海之盡頭。「天涯海角」就是由此得名。

---

7. 提起埃及，人們就會聯想到舉世聞名的金字塔和金字塔旁邊的獅身人面像。你是否注意到，獅身人面像的額角上雕著的是代表國王標誌的：

- ☐ A、獅子
- ☐ B、羊
- ☐ C、牛
- ☐ D、眼鏡蛇

解 D

趣味提示：埃及的獅身人面像是世界上現存的最古老的巨大石像之一。它長37.5公尺，高20公尺，臉部寬4公尺，是用建造金字塔的採石場上的岩石雕鑿而成的。石像的臉形仿造古埃及最高權威法老的臉龐，頭戴國王的圍巾，額角上雕有國王標誌的眼鏡蛇，身體呈萬獸之王的獅子形狀。由於歷經風沙侵襲，獅身人面像的身體部分已完全埋沒於沙石中。

8. 山海關是建在萬里長城東部的一座關口，建於明朝洪武十四年。山海關關城東門的「天下第一關」匾額是由（ ）代進士蕭顯所題。

☐ A、元

☐ B、明

☐ C、清

解 B

趣味提示：山海關是明長城的東北起點，境內長城26公里，位於秦皇島市以東10多公里處。明朝洪武十四年（西元1381年），徐達中山王奉命修永平、界嶺等關，在此創建山海關，因其倚山連海，故得名山海關。

9. 義大利比薩斜塔為8層圓柱形建築，全部用白色大理石砌成，每層中間用圓柱支撐，這些圓柱每層的根數是（　）。

　　❑　A、相同的

　　❑　B、不同的

解 B

> **趣味提示**：比薩斜塔高54.5公尺，直徑16公尺，重約1.4萬噸。斜塔共有八層，除底層和頂層有所不同外，其餘六層結構完全一樣。斜塔底層有15根圓柱，中間六層各有31根圓柱，頂層12根。

三、趣味搶答

1. 要修一座房子，要求四面留門且各門都朝正北方向，這個房子該修在地球哪個地方？

解 南極點

2. 區域特點連線題。

　　❑　A、西部開發的重要陣地　　　　a. 長江沿岸地帶

　　❑　B、以河流為生命線的地區　　b.新疆維吾爾自治區

　　❑　C、面向海洋的開發地區　　　　　c.西雙版納

　　❑　D、西南邊陲的特色旅遊區　　d.珠江三角洲

　　❑　E、溝壑縱橫的特殊地形區　　e.黃土高原

解　A—b；B—a；C—d；D—c；E—e。

---

3. 請在敘述中搶答：這個國家的名稱。

（1）它的海岸線長15000公里，全境多山，多半島，多島嶼，僅沿海有平原。

（2）該國工業基礎薄弱，國內運輸以公路為主，對外主要靠海運，擁有世界上最大的商船隊。

（3）它位於巴爾幹半島最南端，國名意為：希倫人居住的地方，是西方文明的發祥地。

解　希臘

---

4. 請在敘述過程中搶答：這片沙漠的名稱。

（1）這片沙漠東西寬，南北窄，面積33萬平方公里。沙漠中佈滿了一個個起伏不平的沙丘，其中85％的沙丘是在流動著的。

（2）中國最大的內陸河—塔里木河自西南向東北穿越該沙漠東北部，給乾旱的沙漠注入了來自天山和喀喇昆侖山的雪水。

（3）該沙漠是中國最大、最乾旱的沙漠。它的名字在維

吾爾語中是「進得去，出不來」的意思。

解 塔克拉瑪干沙漠

---

5. 請在敘述過程中搶答：這個城市的名稱。

（1）它早在戰國和西漢時就已是全國性的商品都市之一，曾是東周、東漢、曹魏、西晉、北魏、隋、武周、後梁、後唐的「九朝古都」。

（2）它的城內外保存著大量的歷史古跡，如龍門石窟、白馬寺等。

（3）它地處河南省洛河北岸，城市因此而得名。

解 洛陽

紫禁城的由來

故宮為何稱為「紫禁城」呢？這與中國古代天文地理以及帝王的封建迷信密切相關。

紫禁城的「紫」指紫微恒。中國古代天文學家將天上的恒星分為三恒、二十八宿和其他星座。三恒指太微恒、紫微恒、天市恒。紫微恒在三恒之中央，因此代稱皇帝。又因皇帝宮殿是封建社會中最高級別的「禁區」，紫禁城的「禁」字正是強調了皇宮的這種無比尊嚴。

古時認為「玉皇」是居住在天宮之內的，天宮謂之紫宮；而封建皇帝自詡是「天子」，其住所即相當於天上的「紫宮」（亦稱紫微宮）。封建社會時，皇帝居住的宮殿，戒備森嚴，嚴禁庶民百姓靠近，故稱之為「禁城」。

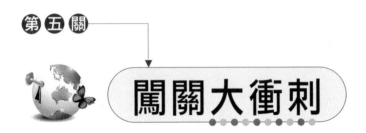

第五關

闖關大衝刺

　　在21世紀的今天，身處地球村的人類無時無刻不在彼此依存於共贏互惠的生態鏈之中，無論是囿於書齋的孺子，還是際會於國際風雲的人們，都渴望著瞭解整個世界。

一、快速判斷

> 1. 如果問大家：「南極和北極什麼東西最多？」大家一定會說：「當然是冰最多，那裡到處都是冰雪。」那麼南極和北極，北極的冰更多。

解 錯

趣味提示：南極和北極都在地球的兩頭，而且都很寒冷。不過根據科學家們的測量得知，南極比北極的冰要多得多。南極的冰層厚度平均有1700公尺，冰層總體積有2800萬立方公里；而北極的冰層厚度一般不超過4公尺，冰層總體積只有南極的1／10，真是少多了！

2. 山東、山西的山是指太行山。

解 對

> **趣味提示**：太行山是山西與河北的交界，太行山以東是河北而不是山東。山東的山古時有兩個意思，一是指崤山，古時是指崤山以東的廣大地區，即秦國東邊的中原地區。比如《史記》常有山東豪傑如何如何，就是指的這層含義。古詩「坑灰未冷山東亂」即是。另一個就是太行山。泛指太行山以東的地區。山東省名即來源於此。

3. 被人們稱作通天河的河流是沱沱河。

解 對

> **趣味提示**：沱沱河是長江源頭，出自海拔6621公尺的唐古拉山脈主峰山上；沱沱河匯合楚瑪律河便成通天河，流入四川、雲南後，改名金沙江，最後成為長江。

4. 雅魯藏布江大峽谷是全球熱帶雨林分佈緯度最高的地區。

解 對

> **趣味提示**：雅魯藏布江大峽谷地處北回歸線以北5度，長504.6公里，平均深度5000公尺，其中南迦巴瓦峰和佳拉

白曇峰之間為5382公尺，是峽谷最深處，居世界第一。

---

5. 北極和南極一樣冷。

解 錯

> **趣味提示**：南極與北極的氣候差異很大。南極的氣候比北極冷得多，即使在夏天，溫度也在冰點以下。南極中心曾有攝氏零下六十度的氣溫紀錄，北極目前的紀錄則只有攝氏零下三十多度，這個統計紀錄或許可以佐證，南極的確比較寒冷。

二、智慧選擇

1. 被稱為「玫瑰之國」的是哪個國家？

- ☐　A、保加利亞
- ☐　B、匈牙利
- ☐　C、法國
- ☐　D、澳大利亞

解 A

> **趣味提示**：在保加利亞有一個玫瑰谷，經過300多年培植，那兒盛產7000多種玫瑰，成為吸引各國旅客的旅遊勝地。保加利亞有種卡贊勒克玫瑰，相傳是女神用自己

的鮮血澆灌出來的，特別紅，異常香。其實這種玫瑰原產亞洲，6世紀末才傳入當地。

2. _____是一座中國罕見的重點風景名勝地？

❏　A、井岡山風景名勝地

❏　B、龍虎山風景名勝地

❏　C、三清山風景名勝地

❏　D、梅嶺—滕王閣

解 B

趣味提示：龍虎山是中國道教的發祥地，其道教聖地、碧水丹山與古崖墓群被譽為「三絕」。現保存了歷代天師起居，呈八卦形佈局，有氣勢恢弘的天師府古建築群，在數十平方公里範圍內分佈著春秋戰國時期到明清的古崖墓群，規模之大，數量之多，保存之好，時間跨度之長，為世界罕見。

3. 五嶽之中，文物古跡的數量和質量最高的是：

❏　A、泰山

❏　B、恒山

❏　C、嵩山

❏　D、衡山

解 C

趣味提示：嵩山名勝古跡中國六最：禪宗祖庭—少林寺；現存規模最大的塔林—少林寺塔林；現存最古老的塔—北魏嵩嶽寺塔；現存最古老的石闕—漢三闕；樹齡最高的柏樹—漢封「將軍柏」；現存最古老的觀星台—告城元代觀星台。

4. 世界上用地熱發電最早的是哪一個國家？

☐ A、中國

☐ B、英國

☐ C、義大利

☐ D、法國

解 C

趣味提示：義大利的皮耶羅‧吉諾尼‧康帝王子於1940年在拉德雷羅首次把天然的地熱蒸氣用於發電。

5. 世界最重要的IT高科技產業基地矽谷位於美國的哪個州？

☐ A、加利福尼亞州

☐ B、阿拉斯加

☐ C、夏威夷

☐ D、哥倫比亞

解 A

趣味提示：人們傳統稱謂的矽谷位於美國加利福尼亞州的三藩市經聖克拉拉至聖荷西近50公里的一條狹長地帶，是美國重要的電子工業基地，也是世界最為知名的電子工業集中地。

---

6. 向東飛行的飛機飛越國際換日線時，應將日期：

☐ A、加上一天
☐ B、減去一天

解 B

趣味提示：向東跨越國際換日線時，須減去一天。

---

7. 呼和浩特市的大召，是呼和浩特市建造的第一座喇嘛召廟，這座名廟始建於哪個朝代？

☐ A、元朝
☐ B、明朝
☐ C、清朝

解 B

趣味提示：大召，漢名「無量寺」，始建於明朝萬曆七年（1579年），明代稱「弘慈寺」。清代崇德五年（1640

年）重修後，定名為無量寺，沿用至今。大召是呼和浩特建造的第一座喇嘛教召廟。數百年來，一直是內蒙古地區藏傳佛教的活動中心和中國北方最有名氣的佛剎之一，現為內蒙古自治區的重點文物保護單位。

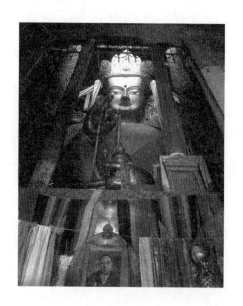

8. 有「白銀之國」之稱的是：

☐　A、墨西哥

☐　B、中國

☐　C、委內瑞拉

☐　D、印度

解 A

趣味提示：墨西哥又叫白銀之國，它的白銀產量占世界總產量的16%，是第一大白銀產國。早在印第安時代人們就開始開採使用白銀了。

9. 地勢最高之國是哪個國家？

　　❑　A、尼泊爾王國
　　❑　B、荷蘭
　　❑　C、南美智利

解 A

趣味提示：荷蘭是低窪之國；南美智利是最瘦長的國家。

三、趣味搶答

1. 請在敘述中搶答：這是哪一個國家。

（1）該國有164多萬平方公里國土，是一個高原和山地相間的國家，人口六千多萬。

（2）該國的主要節日有跳火節、蓋迪爾、胡木節等。該國的報刊主要有《世界報》、《消息報》等，伊斯蘭共和國通訊社是唯一的官方通訊社。

（3）它是一個具有四、五千年歷史的古國，曾稱為波斯。

（4）1943年11月，羅斯福、邱吉爾和史達林曾在該國首
　　都舉行二戰期間第一次高峯會談。

解 伊朗

---

2. 請在敘述中搶答：這是哪一座城市。

（1）宋代詞人李清照、辛棄疾皆是此地人，戰國爲齊國
　　下邑。
（2）該城位於黃河下游南岸，是京廣和膠濟兩鐵路的交
　　點。
（3）城內有千佛山、大明湖等名勝，還有趵突泉、珍珠
　　泉、黑虎泉等名泉，因而又有「泉城」的美稱。

解 濟南

3. 請在敘述中搶答：這個海的名稱。

（1）這是位於北大西洋的海，以一個印第安人部族的名字命名，意思是「勇敢者」或是「堂堂正正的人」。

（2）它的四周幾乎被中南美洲大陸和大、小安地列斯群島所包圍。有人曾把它和墨西哥灣並稱為「美洲地中海」。

（3）它是沿岸國最多的大海，是世界上最大的內海。

解 加勒比海

4. 請將下列建築與其代表的建築流派連接起來。

☐　A、德國愛因斯坦天文臺　　　　a.後現代建築

☐　B、英國倫敦國家劇院　　　　　b.高技術建築

☐　C、法國蓬皮杜國家藝術與文化中心

　　　　　　　　　　　　　　　　c.粗野主義建築

☐　D、紐約電報電話公司大廈　　　d.象徵主義建築

解 A─d；B─c；C─b；D─a。

5. 下面是中國的名塔，請用線正確連接它們的顯著特徵。

☐　A、開封鐵塔　　　a.中國現存級數最多的鐵塔

☐　B、應縣木塔　　　b.中國現存級數最多的古塔

  ❑ C、洛陽大木方塔   c.中國現存最大的木塔

  ❑ D、大理南詔塔   d.中國歷史上最早的佛塔

解 A—a；B—c；C—d；D—b。

世界上最吸引人的旅遊勝地

它們分別是：約旦彼特拉的石頭城、埃及金字塔和斯芬克斯獅身人面像、坦尚尼亞的塞倫蓋蒂、北非撒哈拉大沙漠、中國的長城、美國的大峽谷、阿根廷和巴西的伊瓜蘇大瀑布、秘魯的馬丘比丘、印度的泰姬陵、美國和加拿大的尼加拉大瀑布、蘇聯的紅場和克里姆林宮、中國和尼泊爾的珠穆朗瑪峰、義大利羅馬大鬥獸場、希臘雅典的衛城。

Part **3**

生物世界

動物是人類親密的朋友，人類是動物信賴的夥伴。樹木擁有綠色，地球才有脈搏。動物和植物，構成了多彩世界中最生機勃勃的自然景象。讓我們走進生物世界，和動物植物一起擁抱大自然！

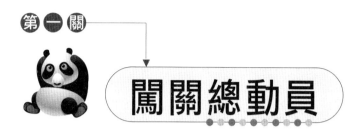

闖關總動員

　　生物世界是一個非常博大的世界，從海洋到天空，從極地到沙漠，處處都有生物在繁衍生息，讓我們走近形形色色的生物，去探索生物世界無窮的奧秘。

一、快速判斷

1. 波蘿就是鳳梨。

解 對

　　趣味提示：鳳梨原產巴西，南洋稱波蘿。鳳梨是一種原產於中、南美洲的熱帶果樹。目前，鳳梨已廣泛分佈在南北回歸線之間，成為世界重要的果樹之一。

2. 大熊貓也會吃肉。

解 對

趣味提示：大熊貓是熊科動物，祖先是吃肉的，後來因為環境的改變沒有辦法才吃竹子的。現在它們食物成分的99％都是高山深谷中生長的20多種竹類植物。隨著季節變化，大熊貓食譜中的竹種和所食竹部位也有差異，最喜愛的是竹筍。每年從春到秋，為了吃到不同海拔高度不同種的竹子竹筍，大熊貓的覓食從中海拔往高山遷徙，這叫「趕筍」。野外生活的大熊貓，偶爾也採食其他植物，如無芒小麥、木賊、青茅、多孔葦、野當歸、羌活、幼杉樹皮等數十種植物。但是它的祖先食肉目的原始「熊」還是遺傳給它了掠食者的本性，在一定的條件下它會攻擊小動物，它還是會食肉的。

3. 蚊子是一種寄生蟲。

解 對

趣味提示：寄生蟲是指暫時或永久在宿主體內或體表寄生生活的動物。寄生蟲依其寄生的部位分為內寄生蟲和外寄生蟲。內寄生蟲主要是指寄生在宿主的內部器官和組織中的寄生蟲，如線蟲、吸蟲等，外寄生蟲是指在宿主的體表暫時或永久地寄生的寄生蟲，例如蚊子等。

寄生蟲依寄生時間的長短分為暫時寄生蟲和長久寄生蟲。暫時性寄生蟲是指那些只是需要採食時才與宿主接觸，不需採食時就自由生活的寄生蟲，例如蚊子等。長久性寄生蟲是指某一個生活階段不能離開宿主，否則難以生存的寄生蟲，例如蟎蟲等。

4. 竹子越長越粗。

解 錯

趣味提示：樹隨著年齡的增長，都會長高、長粗，而竹子長到一定程度就只長高不長粗。因為樹是雙子葉植物，而竹子是單子葉植物。它們之間的區別是單子葉植物沒有形成層。

形成層會使樹幹內形成木質，對外形成樹皮，這樣樹幹

就變粗了。但竹子沒有形成層，也就不會變粗了。

5. 螃蟹橫行是因為它生性霸道。

解 錯

趣味提示：原來螃蟹是依靠地磁場來判斷方向的。在地球形成以後的漫長歲月中，地磁南北極已發生多次倒轉。地磁極的倒轉使許多生物無所適從，甚至滅絕。螃蟹是一種古老的迴游性動物，它的內耳有定向小磁體，對地磁非常敏感。由於地磁場的倒轉，使螃蟹體內的小磁體失去了原來的定向作用。為了使自己在地磁場倒轉中生存下來，螃蟹採取「以不變應萬變」的做法，乾脆不前進，也不後退，而是橫著走。從生物學的角度看，蟹的胸部左右比前後寬，八隻步足伸展在身體兩側，它的前足關節只能向下彎曲，這些結構特徵也使螃蟹只能橫著走。

二、智慧選擇（二選一）

1. 我們在市場上買到的鯽魚大多是：

☐　A、雄性的

☐　B、雌性的

解 B

趣味提示：鯽魚可以單性繁殖，單性繁殖的後代都是雌性魚。

> 2. 娃娃魚是中國特有的珍稀動物，它為什麼叫「娃娃魚」？

　　☐　A、長得像小孩
　　☐　B、叫聲像小孩

解 B

趣味提示：娃娃魚學名大鯢，是最大的兩棲動物，長約60~70公分，大的可達1.8公尺，重達25千克。生活在山谷清澈的溪流中，叫聲像小孩哭，所以叫娃娃魚。是中國的珍貴動物。

> 3. 蜘蛛會結網，它的網是沿著什麼方向結成的？

　　☐　A、由外向內
　　☐　B、由內向外

解 B

　　趣味提示：結網捕食，是蜘蛛獨特的本領。在結網蜘蛛中，因習性不同，結網的形狀也不同，它的網都是由內向外。有天幕網、漏斗狀網、不規則網和盆網等，其中最精緻的便是常見的車輪狀圓網，呈放射狀，猶如古代的八卦陣。

4. 美麗的蝴蝶在花叢中飛舞，細心的人會發現它飛舞時沒有一點聲音，這是因為蝴蝶：

☐ A、翅膀振動慢

☐ B、沒有聲腺，不能發聲

解 A

趣味提示：蝴蝶飛行的時候，其翅膀振動頻率在每秒鐘10次左右，或者不到10次。如果單純從這一點考慮，頻率10赫茲的聲波是次聲波。人的聽覺下限是20赫茲左右，所以聽不到。

5. 鴕鳥遇到驚嚇或敵害時可能會：

☐ A、將脖子平貼地面

☐ B、把頭埋進沙子裡

解 A

趣味提示：鴕鳥遇到危險狀況時，會將頭低垂到與地面平行，羽毛豎起，遠看恍如一堆灌木叢，藉以避開獅子等兇猛野獸。將頭埋在沙堆裡的動作，會導致沙子進入鴕鳥的眼睛和耳朵，從而傷害鴕鳥。

三、智慧選擇（三選一）

1. 豬心情很好時，尾巴會呈什麼形狀？

☐ A、捲起來
☐ B、上下擺動
☐ C、翹起左右擺動

解 C

趣味提示：豬在心情很好時，尾巴會微微翹起左右搖個不停。平時豬的尾巴是微微向上翹起的，而在生病、與其他豬爭鬥打敗的時候，尾巴會垂下。

2. 貓頭鷹睡覺時：

☐ A、睜著兩隻眼
☐ B、閉著兩隻眼
☐ C、睜一隻眼閉一隻眼

解 C

趣味提示：貓頭鷹睡覺時總是睜一隻眼，閉一隻眼。即使在熟睡時，依然能用睜著的那隻眼，監視出沒的老鼠和敵人的侵襲。

3. 石榴不僅好看而且好吃，石榴原產於：

- ☐ A、中國
- ☐ B、印度
- ☐ C、波斯

解 C

趣味提示：石榴在中國已有2100多年的栽培歷史。石榴原產古代的波斯，即現在的伊朗、阿富汗、前蘇聯的高加索等中亞地帶。相傳女媧煉石補天時，將一塊紅寶石失落在驪山腳下。有一年，安石國的王子打獵路過此地，救了一隻快要凍死的金翅鳥。金翅鳥為答謝王子救命之恩，便將失落在驪山腳下的那塊紅寶石銜到安石國御花園內，不久便長出了一顆花紅葉茂的奇樹，國王賜名「安石榴」。西元前向西傳入地中海沿岸各國，西元前115年3月，漢使張騫第二次出使西域返回時帶入中國。從此，安石榴在中國得以繁衍生息。在西元8世紀又由中國傳入朝鮮、日本；西元15世紀，才傳入美洲。現在石榴幾乎遍及世界各地。

4. 下列哪種植物有很好的驅蚊作用？

   ❑ 　A、萱草

   ❑ 　B、草蒿

   ❑ 　C、鳶尾

解 B

趣味提示：青蒿有很好的驅蚊作用。青蒿，學名黃花蒿，別名臭蒿、香蒿、苦蒿。菊科，艾屬。一年生草本。以地上部分葉片。未開放的花蕾供提取生產青蒿素等系列產品。青蒿中提取的有效生理活性成分青蒿素及其衍生物，是一種高效、速效、安全的抗瘧新藥。

5. 在熱帶河流裡生活著一種奇特的魚，每當兩條魚游到一起時總喜歡把嘴吸在一起，看上去就像在「接吻」，你知道它們為什麼要「接吻」嗎？

   ❑ 　A、求愛

   ❑ 　B、打招呼

   ❑ 　C、搶對方嘴裡的食物

解 C

趣味提示：接吻魚特別喜歡吃青苔，找到青苔後，它喜歡把青苔銜在嘴邊細嚼慢嚥。其他接吻魚擋不住青苔的

誘惑，就上前吮吸對方嘴上的青苔，看起來像在接吻。

四、智慧選擇（四選一）

> 1.壁虎又叫「天龍」，它常常在光滑的牆壁、門、窗上爬來爬去卻不會掉下來，是因為它的腳掌上：

　　☐　A、能分泌黏性膠液

　　☐　B、產生的靜電使它吸在壁上

　　☐　C、長著吸盤

　　☐　D、長著骨針，可以產生摩擦力

解 D

　趣味提示：壁虎四肢的指（趾）扁平寬大，下面形成了皮膚褶襞，有無數微細的腺毛，且具有黏附能力，可在牆壁、天花板、光滑的平面上爬行。

> 2.潛艇的外形模仿了什麼動物？

　　☐　A、海狗

　　☐　B、鯨魚

　　☐　C、海豹

　　☐　D、海豚

解 D

趣味提示：人們做過試驗，兩艘其他條件一樣的潛艇，形似海豚的潛艇明顯速度快些。因為海豚的形狀進水阻力小、速度快。

3. 鱷魚兇猛異常，但是它也有致命的弱點，它最害怕見到：

- ☐　A、紅色
- ☐　B、黃色
- ☐　C、黑色
- ☐　D、白色

解 B

趣味提示：黃色能使人情緒高漲，脈搏跳動加快，有明顯的提神作用。因此，汽車在霧中行駛要開黃燈；交通指揮者也以黃燈作為提醒注意的信號；行人穿上黃色的鮮豔服裝，能減少車禍發生。人在水中，穿上黃色的游泳衣，鱷魚就會遠遠避開，因為鱷魚最怕黃色。

4.「穿花蛺蝶深深見，點水蜻蜓款款飛」。夏天，我們常會看到蜻蜓在水面中飛來飛去，還會不時地輕點水面，請問，蜻蜓是用哪個部位點水的？

- ☐　A、頭部

　　□　B、尾部

　　□　C、腹部

　　□　D、翅膀

解　C

趣味提示：蜻蜓點水是在產卵，它的卵必須在水中才能孵化。昆蟲身體分為頭、胸、腹三部分，所以並沒有蜻蜓尾巴一說。應該是腹部尾端的生殖器（產卵器）。

5. 黃瓜含多種維生素，是一種深受人們喜愛的蔬菜，它原產於：

　　□　A、印度

　　□　B、中國

　　□　C、泰國

　　□　D、墨西哥

解　A

趣味提示：黃瓜的原產地是印度，後來傳入中亞。漢朝張騫出使西域，帶回來一種「實長數寸，色黃綠，有刺甚多」的瓜，稱為「胡瓜」。後來五胡十六國（西元317~420年）中最強大的後趙國皇帝石勒，不喜歡這個「胡」字，因而便將它改為黃瓜。

鳥為什麼會飛行

人們常把鳥兒稱作「飛行冠軍」，這是事實。長期的飛行，鳥兒練就了一套硬功夫，其飛行非常出色。

那麼，鳥兒為什麼會飛呢？人們注意到，鳥兒有翅膀，這是它們飛行的首要條件。不同的鳥兒翅膀是不一樣的，科學家們認為，鳥翅膀的複雜性不亞於鳥整體的複雜性，這樣一來，翅膀的差異就造成鳥兒飛行水準的不同。

鳥類的身體外面是輕而溫暖的羽毛，羽不僅具有保溫作用，而且使鳥類外型呈流線形，在空氣中運動時受到的阻力最小，有利於飛翔。鳥類特殊的骨骼也是它們能飛行的條件。據科學發現，鳥骨是優良的「輕質材料」，中空、質軟，這樣，翅膀極容易帶動起來，從而使鳥能夠輕鬆地飛翔於高空。同時，鳥兒體內還有很多氣囊，它們與肺相連，能夠減輕鳥的自重，增加空氣浮力，從而使鳥能夠更好地在空中飛翔。

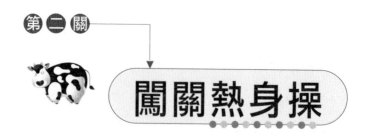

　　生物世界真奇妙，在多彩多姿的生物中，有的身形龐大，有的身微體小；有的長命萬年，有的須臾一生；有的溫柔美麗，有的兇猛醜陋……讓我們去認識這些神秘的生物吧！

一、快速判斷

> 1.「無腸公子」是螃蟹的代稱。

解 對

　　趣味提示：這種說法出自晉·葛洪的《抱朴子·內篇》：「稱無腸公子者，蟹也。」

> 2.十二生肖裡沒有貓是因為十二生肖產生時，中國還沒有「貓」這種動物。

解 對

趣味提示：唐朝時，家貓才從波斯傳入中國。

3. 生活在海水中的烏賊是一種魚類。

解 錯

趣味提示：烏賊是一種貝類。

4. 信鴿無論飛往哪裡，總能很快、很準確地飛回自己的窩中，它是靠自己靈敏的嗅覺來確定方向的。

解 錯

趣味提示：信鴿對地球的磁場很敏感，它們可以利用地球磁場的變化找到家。

5. 冬蟲夏草是一種植物。

解 對

趣味提示：冬蟲夏草是一種有藥用價值的真菌類植物。

二、智慧選擇（二選一）

1. 香蕉是長在樹上的嗎？

☐ A、是

☐ B、不是

解 B

趣味提示：人們常說香蕉長在樹上，這是錯誤的。香蕉是多年生草本植物，它的莖在地下，地上是假莖。

---

2. 兔子的嘴有裂縫的是：

　　❏　A、上唇裂

　　❏　B、下唇裂

解 A

趣味提示：兔子的上嘴唇中央有裂縫。

---

3. 疾馳的馬在奔跑的狀態下是否會四蹄全部離地？

　　❏　A、會

　　❏　B、不會

解 A

趣味提示：第一個把照相術用於活動攝影的英國人穆布裡奇用多架照相機拍攝到馬在奔跑時的分解動作，發現馬在奔跑中會有四蹄離地的那一瞬間。

---

4. 鴛鴦在人們的心目中是永恆愛情的象徵，鴛鴦中的「鴛」為：

　　❏　A、雄鳥

❏　B、雌鳥

解　A

趣味提示：據《中華古今注》稱：「雄鳥為鴛，雌為鴦，
人得其一，則其一必思而死。」

---

5. 水中的魚兒總是喜歡：

❏　A、順流而下

❏　B、逆流而上

解　B

趣味提示：水中的魚兒總是喜歡逆流而上，這樣可以控
制方向，避免順水情況下失去控制被沖到危險的地方。

三、智慧選擇（三選一）

1. 貓在哪個國家受到嚴格保護？

- ❑ A、古希臘
- ❑ B、古埃及
- ❑ C、古印度

解 B

> **趣味提示**：在古埃及，貓被認為是神的化身，人們對貓非常崇拜，貓死後，還要舉行厚葬儀式。

2. 有一種動物的形象曾經作為中國古代法律的象徵，它是：

- ❑ A、虎
- ❑ B、獨角獸
- ❑ C、龍

解 B

> **趣味提示**：皋陶是中國司法鼻祖，傳說他在執法時，經常用一隻獨角獸來判斷是非。獨角獸去碰哪個人，哪個人就是過錯方，沒有一次失誤過。後來，獨角獸就成為中國法律的象徵。

3. 很多人在織毛衣時會選擇一種叫「馬海毛」的毛線，
這種馬海毛是一種：

　　❑　A、羊毛

　　❑　B、馬毛

　　❑　C、人造毛

解 A

　　趣味提示：馬海毛又稱「安哥拉羊毛」，得名於土耳其
語，意為「最好的毛」，是目前世界市場上高級的動物
紡織纖維原料之一。「馬海」這個詞來源於阿拉伯文，
意思是「像蠶絲一樣的山羊毛織物」，後來就成為安哥
拉山羊的專稱。

4.「滿江紅」被用作詞牌名，它在自然界中是一種什
麼東西？

　　❑　A、水生蕨類植物

　　❑　B、浮游動物

　　❑　C、喬木

解 A

　　趣味提示：滿江紅又名紅萍，是一種很小的水生漂浮蕨
類，莖細弱易斷。

5. 獅子尾巴又粗又長，它的主要功能是用來：

☐　A、扇風降溫

☐　B、奔跑時維持平衡

☐　C、趕走飛蟲

解 B

趣味提示：獅子尾巴主要是維持平衡的作用。

四、智慧選擇（四選一）

1. 被蚊子叮咬後皮膚發癢是因為：

☐　A、叮咬破皮膚

☐　B、蚊子唾液作用結果

☐　C、吸血的結果

解 B

趣味提示：蚊子在叮咬時唾液裡含有抗凝血成分，因此人有反應而發癢。

2. 下列哪個不是螞蟻？

☐　A、黑蟻

☐　B、紅蟻

　　❑　C、白蟻

解 C

　　趣味提示：白蟻是較低級的半變態昆蟲，螞蟻則是較高級全變態昆蟲。白蟻前後翅等長，螞蟻前翅大於後翅。

3. 下列有袋類動物中哪一種的育兒袋是朝後開的？

　　❑　A、袋狸
　　❑　B、袋熊
　　❑　C、袋鼠
　　❑　D、袋狼

解 B

　　趣味提示：袋熊的育兒袋是朝後開的，這是因為它是一種穴居動物，擅長挖洞；如果育兒袋向上開，就容易將沙土弄到育兒袋中。

4. 世界野生動物基金會（WWF）的會徽是什麼圖案？

　　❑　A、地球
　　❑　B、大熊貓
　　❑　C、白鴿
　　❑　D、揚子鱷

解 B

趣味提示：世界自然基金會（世界野生動物基金會World Wide Fund for Nature，簡稱WWF）是一個國際性的野生動物保護組織，它的會徽是一隻可愛的大熊貓。

---

5. 我們在買水果時看到一些蘋果上面有字，這字是：

☐　A、用日光照出來的

☐　B、用刀子刻上去的

☐　C、用一種顏料寫上去的

☐　D、用蠟筆畫上去的

解　A

趣味提示：蘋果小的時候，在蘋果果實上貼一個剪好的字，經過一段時間的日曬，沒有貼字的地方變了顏色，而貼字的地方沒有變化，所以在果實上面就留下了印記。

趣味樂園

「外國」植物

葡萄：原產於歐洲、西亞和北非一帶，西漢漢武帝時，張騫出使西域後帶回。

茄子：原產印度、泰國，中國晉代已有記載。

菠菜：唐代貞觀二十一年（647年）由尼波羅國，即尼泊爾傳入中國。

西瓜：原產非洲，南宋初年傳入中國。

玉米、馬鈴薯：原產南美洲，明朝中期傳入中國。

花生：原產巴西，明朝晚期引入中國。

番茄：原產美洲，18世紀初傳入中國。

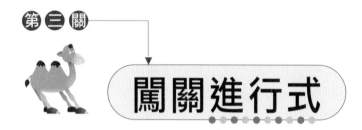

第三關

闖關進行式

　　自然界萬事萬物之間存在著千絲萬縷的聯繫，成千上萬的生物和人類共同擁有地球家園，人類只有善待生物，善待地球，才能拯救自己。

一、快速判斷

> 1. 動物也有自己的語言。

解 對

> **趣味提示**：俗話說：人有人言，獸有獸語。科學家告訴我們，各種動物也有自己的語言，有著自己獨特的「語言交流」方式。例如，猿類動物是人類的「近親」，科學家對它們的叫聲進行了長期的研究，發現猴子攻擊對方時，會發出「嘎！嘎！嘎」或者「嘎！嘎！嘎」的叫聲，表示恐嚇對方，向對方示威。假如對方不是它的對

手，對方就會「吉亞！吉亞」地叫著，逃之夭夭了。

> 2. 海洋中最多的生物是魚。

解 錯

> **趣味提示**：海洋中最多的生物是浮游生物。

> 3. 駱駝背上的兩個大包，一個儲存水，另一個儲存糧食。

解 錯

> **趣味提示**：駱駝背上的兩個大包，儲存的都是脂肪。駱駝有3個胃，其中一個胃是儲水的，所以駱駝可以長時間不吃不喝。

> 4. 老馬識途是因為馬有比較發達的嗅覺系統以及聽覺器官，而且有很強的記憶力。

解 對

> **趣味提示**：因為馬的臉很長，鼻腔也很大，嗅覺神經細胞也多，這樣就構成了比其他動物更為發達的「嗅覺雷達」。這個嗅覺雷達不僅能鑑別飼料、水質好壞，還能辨別方向，自己尋找道路。並且馬的耳翼很大，而且耳部肌肉發達，轉動相當靈活，位置又高，內耳中有一種特殊的「曲折感受器」，是用來辨別運動方向以及周圍

環境中物體的分佈情況的。但最主要的是馬對氣味、聲音以及路途的記憶力相當強。

> 5.熊貓和狗熊因為屬於同一個家族，所以長相也差不多。

解 對

趣味提示：熊貓和狗熊都是哺乳綱食肉目的動物，分別屬於貓熊科和熊科。在食肉目中還有貓科等，老虎就是貓科動物。所以，狗熊和熊貓的血緣關係就像老虎和熊貓的血緣關係一樣。

二、智慧選擇

> 1. 樹林邊有一條小河，河裡住著一隻可愛的河狸。冬天來了，河狸爬上岸，不停地啃著一根小木棍。一到冬天，河狸就老愛啃木棍，是為了：

　　☐　A、磨牙

　　☐　B、築窩用

解 B

趣味提示：河狸原來也叫海狸。它主要生活在河邊，身體很肥胖，長度大約為80公分，腳上有蹼，很善於游泳，平時主要吃草。到了冬天，河狸就開始築窩，它們的窩

是用一截截小樹棍搭成的。因此，河狸就不停地咬小樹或木棍，把它們弄得長短合適後，搬回家去築窩。築好窩後，河狸們還要用木棍在窩周圍攔一道籬笆，這樣就能把水擋住了。

2.「打蛇打七寸」的七寸是指：

❏　A、心臟
❏　B、脊柱
❏　C、頭部

解　A

趣味提示：「打蛇打七寸」、「打蛇打三寸」，都是說打蛇要命中要害。蛇的三寸，是蛇脊椎骨上最脆弱、最容易打斷的地方。蛇的脊椎骨被打斷以後，溝通神經中樞和身體其他部分的通道就被破壞。蛇的七寸，是蛇的心臟所在，一受到致命傷，則必死無疑。

3. 毛毛家買了一隻畫眉鳥，五彩繽紛的羽毛，還有兩道彎彎的眉毛，真漂亮。可是爸爸卻說，畫眉鳥沒有眉毛，而且所有的鳥兒都沒有眉毛。毛毛不相信，要去問老師。你說鳥兒有眉毛嗎？

❏　A、有
❏　B、沒有

解 B

趣味提示：鳥兒沒有眉毛。

> 4. 中國素有「高原之舟」美稱的牲畜是：

  ☐ A、駱駝
  ☐ B、犛牛
  ☐ C、藏羚羊

解 B

趣味提示：犛牛是青康藏高原上特有的動物，毛厚而長，可以臥雪禦寒，體矮力健，能爬山負重，善於馱運，是高原上的重要交通工具，也是藏民不可缺少的牲畜。駱駝則被譽為「沙漠之舟」。

> 5. 含羞草是一種很有趣的植物，只要你一碰它，它立即就把葉片合攏起來，把頭垂下去，這是因為：

  ☐ A、害羞
  ☐ B、受振動後葉片的水分流失

解 B

趣味提示：含羞草「含羞」的原因：含羞草細胞是由細小如網狀的蛋白質「肌動蛋白（actin）」所支撐。含羞草受到刺激之後，肌蛋白束散開，細胞被破壞，結果水

分跑出來，以致產生閉合運動。肌動蛋白一般見於動物的肌肉纖維內，與肌肉伸縮有關。沒想到它也存在於含羞草內，可說是相當罕見。

6. 在動物園裡，人們常看到猴子用手在身上翻弄，然後往嘴裡送。猴子翻弄尋找的是什麼？

　　❏　A、跳蚤
　　❏　B、一種鹽質結晶
　　❏　C、蝨子

解 B

趣味提示：過去人們誤認為猴子在身上翻弄尋找然後放入嘴中的是跳蚤，其實是一種鹽質結晶。

7.「秋風掃落葉」描寫的是秋天的景象，但只適用於溫帶地區的落葉樹木。熱帶樹木脫葉的季節不是在秋季，而是在：

　　❏　A、春季
　　❏　B、夏季
　　❏　C、冬季

解 A

趣味提示：熱帶樹木受氣候乾燥和高溫的影響，葉片蒸發水分旺盛，需要大量的水。因此為了保持自身的「收支平衡」，只得脫落掉一部分老葉。

8. 能夠在夜間釋放氧氣的植物是：

   ☐ A、吊蘭

   ☐ B、仙人掌

   ☐ C、紫羅蘭

解 B

趣味提示：因為仙人掌原產於美洲沙漠地帶，在乾旱酷熱的環境中形成了一種奇特的本能：它不在白天打開自己的氣孔，以防止本身水分的大量蒸發，只在夜間才把氣孔打開，吸收二氧化碳，放出氧氣。這樣，就會增加室內的新鮮空氣，並能使室內空氣中負離子的濃度增加，從而起到調節和淨化室內空氣的作用。

9. 到了秋天，萬木凋零，落葉滿地。樹枝上哪部分的葉子最後枯落？

   ☐ A、靠樹幹的部分

   ☐ B、樹枝的中間部分

   ☐ C、樹梢

解 C

趣味提示：樹木在生長過程中，把大量的養份送上樹梢，樹梢平時得到的養份最多，所以那裡的葉子能多生存一段時間。

三、趣味搶答

> 1. 媽媽給小明煎雞蛋當早點，端到小明面前，他發現
> 是個雙黃蛋，他問媽媽：「雙黃蛋能孵出小雞嗎？」
> 媽媽笑眯眯地說：「你說呢？」小明很迷惑，你能
> 幫他解答嗎？

解 能，可以孵出兩隻小雞。但由於這種蛋孵出的雞體
質差，故一般不用雙黃蛋孵雞。

> 2. 狐狸是狡猾的野獸，當它餓了，又一時抓不到充饑
> 的獵物時，就找一塊有乾草覆蓋的地方，或者一頭
> 倒在塵土裡，仰著身子，屏住呼吸，一動也不動。
> 這狡猾的狐狸為何這麼做呢？

解 狐狸假死，是為了引誘小動物到身旁。當一些飛鳥
以為狐狸死了，飛來啄它的屍體時，它就會突然一
口將鳥兒咬住，吞食掉充饑。

> 3. 一個寧靜的中午，小貓趴在床上睡覺，魚缸裡的金
> 魚慢慢地游著。突然「砰」的一聲巨響，小貓一下
> 跳起來撞到魚缸上，金魚嚇得在水中亂游。你估計
> 這時每條魚以每秒鐘幾次的速度眨眼？

解 金魚沒有眼瞼，不會眨眼。

4. 與熊貓一樣珍貴的野駱駝為什麼會哭？

解 中國的野駱駝會哭不是「感情豐富」的原因，而是它用來沖洗眼睛裡的沙子的絕技。

趣味樂園
世界上最珍貴的動物

爪哇犀牛：約50頭，生活在印尼。

紅狼：不到100隻，生活在美國。

大熊貓：800隻，生活在中國。

直角大羚羊：不到150隻，生活在阿拉伯地區。

夏威夷海豹：700～1000隻，生活在美國。

考艾鷗鳥：不到10隻，生活在夏威夷群島。

模里西斯茶隼：20隻，生活在模里西斯。

加利福尼亞神鷹：不到40隻，生活在美國。

紐西蘭鸚鵡：不到100隻，生活在紐西蘭。

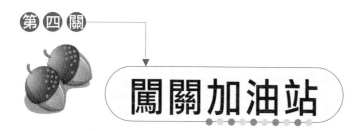

第四關

闖關加油站

知識是能力的基礎，沒有知識就沒有能力。鮑魚不是魚，鵝是鳥類中壽命最長的，杜鵑鳥不做窩……豐富的生物知識伴你度過美妙的時光。

一、快速判斷

1. 鮑魚不是魚。

解 對

趣味提示：鮑魚的肉好吃，是名貴的海產食品。它不是魚，而是一種爬附在淺海低潮線以下岩石上的單殼類軟體動物，是海螺的「近親」。在鮑魚的身體外邊，包被著一個厚的石灰質的貝殼，這是一個右旋的螺形貝殼，呈耳狀，它的拉丁文學名按字義翻譯可以叫做「海耳」，就是因為它的貝殼的形狀像耳朵的緣故。

2. 鵝是鳥類中壽命最長的。

解 對

趣味提示：鵝的平均壽命是25歲。

3. 杜鵑鳥不做窩，它把蛋下到其他鳥的鳥巢裡，讓其他鳥幫它孵化。

解 對

趣味提示：杜鵑的傳說雖然很美麗，而在實際生活中，它們的聲譽實在不很好。它們飛翔的時候，喜歡模擬鷹隼的姿態，用來恐嚇其他的小鳥。它們自己又從不做巢，喜歡將自己的卵產在喜鵲的巢內，由別的鳥給它孵雛。杜鵑的小雛很兇惡，不僅貪食，而且懂得排擠巢內其他的小雛，時常將喜鵲的小雛從巢中擠落到地上。

4. 植物進行光合作用要用葉綠素，有的葉子是紅色的，它不用光合作用。

解 錯

趣味提示：植物要製造有機物質，要進行光合作用，一定要有葉綠素存在。紅莧菜、秋海棠的葉子，常常是紅色或紫紅色時，它們也能進行光合作用。這些葉子雖然是紅色的，但是葉子裡也有葉綠素。至於這些葉子之所以成為紅色，主要是因為其中含有紅色的花青素的緣故，它們含的花青素很多，顏色很濃，把葉綠素的綠色蓋住了。

5. 魚沒有突起的鼻子，所以，它們聞不到氣味。

解 錯

趣味提示：魚沒有突起的鼻子，但有鼻腔，內有嗅囊，不用於呼吸，也不與口腔相連，可聞到水中氣味。魚在游動時，水從前鼻孔流入，再從後鼻孔流出，這樣就能嗅出水中的氣味。

二、智慧選擇

1. 大雁飛翔時的隊形變化與下列哪項有關？

- ☐ A、頭雁的叫聲
- ☐ B、風向的變化
- ☐ C、天氣的陰晴

解 B

趣味提示：大雁飛的時候，頭雁扇動翅膀，會產生一股上升氣流，後面的雁也跟著扇動翅膀，靠著這股上升氣流托著自己，飛行時可以省力氣，這樣，隊伍就自然地排成了「一」字或「人」字。而隊形是隨著風向的變化而變化的。風迎面吹來時，頭雁在中間，雁群排成「人」字；風從旁邊吹來時，頭雁在迎風的一邊，雁群排成「一」字。

2.大象長著長長的鼻子和長長的門牙，它的門牙是用來：

- ☐ A、嚼食
- ☐ B、探路
- ☐ C、防襲擊

解 B

趣味提示：大象一邊走，一邊將長門牙插入地面，來判斷地面的硬度是否能承受自己的體重。

3. 秋天楓樹葉子變紅主要是因為：

　　❑　A、葉綠素不起作用了

　　❑　B、類胡蘿蔔素起作用

　　❑　C、體內積累較多的糖分，形成花青素

解 C

趣味提示：葉子裡有大量綠色的物質，叫做綠色素。因為葉子裡含有葉綠素最多，大大超過了其他幾種色素的顏色，所以葉子是綠色的。秋天，楓樹葉子葉綠素被破壞，花青素顯示了出來，故葉片變得豔紅。

4. 與「梅、竹、菊」並列，合稱「四君子」，並被評為中國傳統十大名花之一的是：

　　❑　A、蘭花

　　❑　B、牡丹

　　❑　C、月季

解 A

趣味提示：梅、蘭、竹、菊，號稱花中四君子。四君子並非浪得虛名，確實各有其特色：梅，剪雪裁冰，一身傲骨；蘭，空谷幽香，孤芳自賞；竹，篩風弄月，瀟灑一生；菊，凌霜自行，不趨炎附勢。

5. 蜘蛛估計有3萬種左右，大小形狀不一，但是它們都具有捨命求愛的共同特點。它們的求愛方式不盡相同，但結局卻都一樣，那就是交配以後，＿＿＿＿＿，因此才被稱為「死亡的愛情」。

☐ A、大量雄蛛會被處於饑餓的雌蛛吃掉

☐ B、雌蛛會將雄蛛吃掉，然後產下幼蛛

☐ C、雄蛛會疲勞而死

☐ D、雌蛛產下幼蛛饑餓而死

解 A

趣味提示：蠅虎蜘蛛在求愛的時候，雄蛛必須要在雌蛛面前做一段舞蹈表演，邊舞還邊十分小心地向雌蛛靠近。假如雌蛛不動，而且把前面兩對足全縮到胸前，輕輕抖

動它的觸鬚，那就表示它已經接受了對方的求愛。然後，雄蛛就會邁著十分輕快的步伐，慢慢爬進網內與雌蛛交配，最後便是等待死亡的來臨。

6.「子子」是什麼動物的幼蟲？

☐ A、蚊子
☐ B、蒼蠅
☐ C、蜻蜓
☐ D、蝴蝶

解 A

趣味提示：子子(無脊椎動物)，昆蟲綱，雙翅目蚊類的幼蟲。它是由雌蚊在淡水中產的卵孵化而成的。身體細長，呈深褐色，在水中上下垂直游動，以水中的細菌和單細胞藻類為食，呼吸大氣。

7. 你知道蚊子吸血是為了什麼嗎？

☐ A、發育
☐ B、補充能量
☐ C、交配
☐ D、產卵

解 D

趣味提示：蚊子為了要產卵會吸4~5天的血。一旦雌蚊吸血後，將會把血液貯存於消化管之中，然後逐漸消化吸收。卵巢在吸收血液中的養分後，卵粒逐漸成熟，在吸血4～5日後產卵。

8. 世界上共有8種老虎，其中＿＿＿＿＿＿屬於中國特有。

　　□　A、孟加拉虎
　　□　B、東北虎
　　□　C、華南虎
　　□　D、印度支那虎

解 C

趣味提示：華南虎是中國特有的虎種，生活在中國中南部，是最小的幾個老虎亞種中的一種。華南虎於1996年被國際自然保護聯盟列為極度瀕危的十大物種之一。

9. 蒼蠅飛落在某處就匆忙搓腳，它是在：

　　□　A、清潔汙物，準備開飯
　　□　B、發射生物雷達波，探測食物
　　□　C、辨別同類氣味
　　□　D、品嘗味道

解 D

趣味提示：蒼蠅特別愛吃味道比較重的，像糖和油炸的食物。蒼蠅沒有鼻子，但是，它有另外的味覺器官，並且還不在頭上臉上，而是在腳上。只要它飛到了食物上，就先用腳上的味覺器官去品嚐食物的味道如何，然後，再用嘴去吃。

三、趣味搶答

> 1. 北極和南極都是冰雪世界，十分寒冷。北極有一種個頭很大，渾身雪白，看起來十分威風的動物，那就是北極熊。可是同樣在寒冷的南極，有企鵝、有海豹，卻沒有北極熊。這是為什麼呢？

解 北極熊之所以只在北極有，和它出現的時間以及地殼運動有關。北極熊出現的時間比較晚，在兩千多萬年前才開始出現，而在此以前，地殼運動已經使南極大陸分離出去，孤零零地待在極地了。於是，浩瀚的大海隔斷了北極熊前往南極的道路。

> 2. 小貓一蹲下來，就愛洗臉。它把爪子舔濕，一遍一遍地往臉上蹭。你說這是為什麼？是因為小貓愛乾淨嗎？

解 小貓要用鬍子幫助自己感覺周圍的事物，鬍子髒了，

感覺就不靈了，小貓洗臉實際是洗鬍子。

3. 請在敘述過程中搶答：這種植物的名稱。

（1）它是多年生草本常綠樹，它沒有主根，只有地下莖抽生的不定根；沒有地上莖，只有層層緊壓的覆瓦狀葉鞘重疊而成的「假幹」，起支持和疏導作用。

（2）它的種類繁多，按用途分爲三類：觀賞類、果蔬類、纖維類。

（3）它的果實是世界上古老而著名的果品之一，與荔枝、鳳梨、柑橙並稱爲嶺南四大名果，古人則稱之爲長腰黃果。

解 香蕉

4. 請在敘述過程中搶答：這種蔬菜的名字。

（1）它是十字花科芸苔屬的一年生或兩年生草本植物。它的品種繁多，有結球、半結球、花心和散葉四種。

（2）它與竹筍、榨菜和大豆被推崇爲中國四種世界第一的蔬菜。

（3）它是中國北方最普通、最肥美的重要多季蔬菜。

解 大白菜

趣味樂園
各國國花

美國—玫瑰花

加拿大—楓葉

英國—玫瑰花

法國—鳶尾花

義大利—雛菊

德國—矢車菊

俄羅斯—向日葵

日本—櫻花

朝鮮—木槿花

新加坡—萬代蘭

第五關

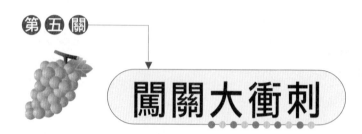

科學家說：21世紀是生物學的世紀。我們作為生活在這個生物技術高速發展的社會的一份子，有必要瞭解更多關於生物的知識，從而更加珍惜和愛護生命。

一、快速判斷

1. 灰狼是一種瀕臨滅絕的動物，曾經是地球上除人類以外分佈最廣的哺乳動物。

解 對

趣味提示：灰狼曾廣泛地分佈在北半球的大部分地區，是除人類以外分佈最廣的哺乳動物。自人類開始放牧以來，狼遭到了無情的虐殺。如今，灰狼已經瀕臨滅絕。

2. 在重陽節插茱萸是一項重要的風俗，這裡的茱萸是指一種草。

解 錯

趣味提示：茱萸是一種可以做中藥的果實。它是一種小喬木，果實在秋後成熟，嫩時呈黃色，成熟後變成紫紅色。

3. 蜜蜂中的工蜂是雄性的。

解 錯

趣味提示：工蜂是生殖器官發育不完全的雌蜂，專司築巢、採集食料、哺育幼蟲、清理巢室和調節巢溫等。

4. 植物開什麼顏色的花是由基因決定的。

解 對

趣味提示：對一切生物來說，基因可分為兩大類：一類叫結構基因，它是表達生物特性的；另一類叫控制基因，它是控制基因的基因。例如，植物開什麼顏色、什麼樣子的花是由結構基因決定的，至於什麼時候開花，則由控制基因決定了。

二、智慧選擇

1. 下列海洋生物中，有強烈「家庭觀念」的是：

☐ A、海豹

☐ B、海豚

☐ C、鯨

☐ D、鯊魚

答案：C

趣味提示：鯨通常是以小群作為單位活動的，好像人類的一個家庭一樣，幼鯨同其父母一起生活長達15年之久。海洋生物學家發現捕鯨船在捕殺灰鯨的時候，灰鯨父母會誓死保護自己的雛鯨，抵抗捕鯨船的各種威脅。

2. 人參一般每一年能長幾片葉子？

☐ A、一片

☐ B、兩片

☐ C、三片

☐ D、四片

解 A

趣味提示：人參葉片數同年限多寡有關。一年生為一枚三片小葉複葉，稱「三花」；兩年生為一枚五片小葉複葉，稱「巴掌」；三年生兩枚五片葉複葉，稱「二甲子」；三年生方能開花結果；四年生有三枚複葉，稱「燈檯子」；五年生有四枚複葉，稱「四品葉」；六年生有

五枚複葉，稱「五品葉」，也有六枚複葉的，稱「六品葉」。人參生長六年後，葉數不再變化。

3. 蠶一生要蛻多少次皮？

- ❏ A、1
- ❏ B、2
- ❏ C、3
- ❏ D、4

解 D

趣味提示：蠶在生長發育過程中表皮不能隨著身體長大而長大。當蠶的身體長大受到限制時，蠶就要蛻皮。蠶蛻皮時，好像在睡覺，大概要蛻一天。新皮形成，蠶又開始吃桑葉了。蠶一生要蛻4次皮。

4. 只有蘭科植物才是真正的蘭花，在中國有不少名稱為蘭的植物並不是真正的蘭花。下列植物中不是真正蘭花的是：

- ❏ A、君子蘭
- ❏ B、兜蘭
- ❏ C、蝴蝶蘭
- ❏ D、蕙蘭

解 A

趣味提示：君子蘭是花葉兼賞的名貴盆栽花卉，屬石蒜科。君子蘭葉態優美，形似劍，所以又名劍葉石蕊。葉基部套疊成鱗片狀，像一股粗壯的噴泉平地湧出，而有光澤。

5.「水中熊貓」指的是：

- ❏ A、海豚
- ❏ B、海獅
- ❏ C、鯨魚
- ❏ D、中華鱘

解 D

趣味提示：中華鱘是地球上現存的最古老的脊椎動物之一，開始於與恐龍同期的第三紀，衍生至今已有1億5千多萬年，是難得的珍稀魚類，有「活化石」、「水中大熊貓」等美譽，在中國列為國家一級保護動物。

6. 有的鳥長大後會找食物餵母親，被稱為「反哺」。下列哪種鳥會「反哺」？

- ❏ A、烏鴉
- ❏ B、麻雀
- ❏ C、燕子
- ❏ D、喜鵲

解 A

趣味提示：烏鴉—是一種通體潦黑、面貌醜陋的小鳥，因為被人們覺得不吉利而遭到人類的普遍厭惡。正是這種遭人嫌惡的小鳥，卻擁有一種真正值得我們人類普遍稱道的美德—養老、愛老。據說這種鳥在母親的哺育下長大後，當母親年老體衰、雙目失明飛不動的時候，小鳥便將覓來的食物餵到母親的口中，回報母親的養育之恩。

---

7. 征服天花的愛德華‧琴納，是從哪種動物身上取下疫苗來防止天花？

- [ ] 　A、乳牛
- [ ] 　B、豬
- [ ] 　C、公雞
- [ ] 　D、蛇

解 A

趣味提示：琴納發現擠牛奶的女工身上往往得到牛痘，然而擠牛奶的女工不會得天花。經過研究，證明了牛痘能令人對天花產生免疫。後來就從牛痘製成了疫苗，所以叫牛痘。

---

8. 熊號稱是動物中的大力士，可是它有一個部位最怕被襲擊，那就是：

☐ A、鼻子

☐ B、頭

☐ C、肚子

☐ D、腳掌

解 A

趣味提示：熊的鼻子是它各器官中最敏感的部位，因為這裡聚集了許多神經組織，一旦鼻子遭到硬物的碰撞，熊就會暈倒在地。

9. 紫羅蘭的原產地是：

☐ A、非洲

☐ B、亞洲

☐ C、南美洲

解 A

趣味提示：紫羅蘭屬葵科草本植物，原產於地中海及周邊地區，如今遍佈世界各地。花瓣展開時猶如羽翼一般，十分美麗，又被稱為紫翼天葵、藍錦葵。其氣味優雅迷人，充滿了浪漫、溫馨的氛圍。

10. 蘿蔔是我們常見的一種蔬菜，不僅可以用來做菜，還可以用來醃製醬菜。你知道它到什麼時候會變成空心？

> ❑　A、春天
> ❑　B、夏天
> ❑　C、秋天
> ❑　D、冬天

解 A

趣味提示：蘿蔔一般在七、八月間栽種，霜降前收穫，到了冬天味道更加甜美，肉質也更緻密，而到了春天就會出現空心、腐爛等現象。

三、趣味搶答

> 1. 海鷗為什麼跟著輪船飛？

解 輪船行駛時，把海水攪得翻滾起來，很多小魚、小蝦也被卷出水面，這時海鷗就可以找到很多食物。另外，輪船開得很快，擋住了迎面吹來的風，海鷗跟著輪船飛就會省力得多。

> 2. 春天到了，迎春花和連翹幾乎同時開放，而且花的形狀和顏色也差不多，那麼如何區別這兩種花？

解 迎春花的枝條是實心的，連翹的枝條是空心的；迎

春花的花瓣一般是6個，連翹的花瓣一般是4個，裡面有紅色條紋。

3. 請在敘述過程中搶答：這種植物的名稱。

（1）它是屬於桑科的常綠大喬木，分佈在熱帶和亞熱帶地區。它的果實呈扁圓形，果徑不到11公分，可食用。

（2）自然界中唯有它「獨木成林」，因為它的種子萌發力很強，受飛鳥和風雨的影響，使它附生於母樹上，攝取母樹的營養。而它的懸垂氣根能從潮濕的空氣中吸收水分，入土的支柱根又加強了它從土壤中吸取水分和無機鹽的作用。

（3）中國福建省的福州市，更因擁有數量眾多的這種植物而獲得了一個與它相關的別稱。

解 榕樹

4. 請在敘述中搶答：這種昆蟲的名稱。

（1）它是一種食肉性昆蟲，平時吃蝗蟲、蒼蠅、蚊子、蝶、蛾等害蟲。

（2）因為它的一對複眼有一套完整的跟蹤瞄準系統，所以捕捉食物百發百中。

（3）它是不完全變態昆蟲，交配後，雌蟲往往因饑餓把雄蟲吃掉。

（4）曾有一個成語提到了這種動物，是比喻不自量力的人。

解 螳螂

> 5. 請在敘述過程中搶答：這種植物的名字。

（1）這種植物原產亞洲熱帶，中國栽培歷史悠久。

（2）它屬多年生宿根水生植物，根狀莖橫生在水底泥中，葉片挺出水，而且大似圓盤，花朵大而清香。

（3）它的種子可以入藥，根狀莖可以食用。

解 荷花

趣味樂園
動物的壽命

什麼動物的壽命最長呢？過去常說「千年鶴，萬年龜」，其實這只是語言上的誇張，據說體重達250至260公斤的大烏龜能活300至350年，也可算是動物界的長壽者了。大象的壽命一般來說僅為60至70年，很少能有達到100年的。鯨魚的平均壽命只有30年，壽命最長者也不超過100年。

據說動物的壽命大體上與身體的尺寸成正比,但魚雖小卻意外地長命。鯉魚可活60至75年,鱒魚和鱸魚的壽命則為15年,螯蝦也大至相同。堪稱百獸之王的獅子能活20至25年,食肉性熱血動物一般較之雜食性、食草性動物命短。

靈長類的猴子能活50年,熊能活20至30年,馬活20至35年,蛇及大蜥蝪活25至35年,蛤蟆活30年左右,鹿活18至25年,公鹿衰老較快,母鹿則直到生命最後還能產仔。狼的壽命為10至15年,狐狸為8至10年,駱駝為40至45年,貓為13至20年。狗活1年大至相當於人類活7年,因此20歲的狗,若為人類的話,應是140歲的老人。山羊的生命是15至20年,豬是20年,犀牛是50年,兔子和松鼠是8至10年,蝙蝠和老鼠是3至5年。在鳥類中,鴕鳥活60年,禿鷹活50年以上,鸚鵡大體與人的壽命相同。烏鴉能活100年,但平均壽命不過25至30年。塘鵝活50年,山雀、鳴禽類小鳥一般活5至18年。

Top Sales：成為頂尖業務絕對不能錯過的 10 堂課

業務人員有兩大敵人：看得見的敵人—競爭對手，和看不見的敵人—自己。有人把銷售工作喻為是一場戰爭，並引用一位在戰爭中失去一條腿的軍官的話，來描述「看不見的敵人」的可怕：「最恐怖的是眼睛看不見的敵人。

聰明孩子正在玩的 200 個推理遊戲

是否看到推理兩個字，頭都暈了？
相信我，翻開這本書，不會讓你暈頭轉向，只會讓你玩到欲罷不能！

一生必讀的古墓寶藏之謎

世界上有六分之一的寶藏被埋在地下，有八分之一的寶藏沉沒在海底。
寶藏不會說話，時間也不會倒流。但是它們證明了這裡曾經存在過一個舉世無雙的文明。在歷史的長河中，有著太多的謎團，仍然遺留著許多不可思議的寶藏秘密，等待你去發現……

讓孩子越玩越開心的數學遊戲

看到數學不要臭臉，讓你越玩越開心的數學遊戲，通通都在裡面！
快點來一起玩數學吧！

我就是比你詐

誇人只需要舌頭，罵人卻需要智慧。所謂的厚黑學，並不是挖空心思對付自己身邊的朋友、同事、主管，真正的厚黑學是一種行事智慧，知己又知彼。
你可以不厚黑，但是當你遇到厚黑的人你可以有辦法去應對。
正如「厚」不能過於遲鈍，「黑」也不能不擇手段。

讓孩子越玩越聰明的數學遊戲

數學難嗎？
當小朋友皺著眉頭不願意接觸的時候，往往是因為從數學課本中受了太多打擊，這裡有上百題數學遊戲，讓小朋友逃離對數學課本的恐懼，重新愛上數學吧！

這樣做就對了：老總教你改變職場地位的 4 種能力

交際就是站在別人的立場看待問題，你就會更加明確別人喜歡什麼，不喜歡什麼。合作需要時時刻刻考慮別人的需要，尊重別人的選擇。服務就是要永遠超過客戶的期望，讓他感動。學習的秘訣就在於永遠比別人努力兩倍。

銷售達人快速成交筆記-60個銷售成功故事

如何一開口就讓客戶想跟你做生意？如何從第一句話到最後一句話，牢牢地吸引住客戶的注意力？成功的業務員需要的是--開門那一刻，就要打開顧客的心門！

老闆不在家-小心摸到大白鯊

在工作中，不要總是抱怨老闆，問一問你自己，你為企業到底付出了多少？你到底努力了幾分？你的付出是否大於收穫？如果你是老闆，會為自己的表現打多少分？會不會給自己提供更廣闊的空間？不要認為老闆就是剝削你的人，你可曾看到他們的責任和壓力？

上班就像去旅行

上班族的作者，忍受不了工作環境，遞出辭呈。大老闆為了留他，讓他休了個長假，他終於有空去了夢寐以求的愛琴海。旅途上遇到許許多多的人事物，在辦公室最受不了的，旅途中同樣也會發生，讓他有了領悟：「上班就像去旅行！」於是他帶著不同的視角和活力，又回到原本的工作崗位上。

你是大豬？還是小豬？：你就是博弈高手

周圍總會充滿了各式各樣的大豬、小豬，心裡老盤算著如何讓自己獲取最大的收益。在「智豬博弈」中，小豬將安安心心地等在食槽邊，而大豬則不知疲倦地奔忙於按鈕和食槽之間。辦公室裡也會出現這樣的場景，有人做「小豬」，舒舒服服地躺起來偷懶…

你知道 1 元真的能當 2 元用？：最實用的生活經濟學

經濟學不難學，也就是大處著眼與小處著眼兩個範疇，包括了一些諸如成本、收益、邊際、競爭等基本概念，還有一些例如效用論、生產理論等基本的理論。讀了本書，你就能清楚的瞭解經濟學的概要，並且掌握用經濟學的眼光分析現實問題的方法。

聰明人都在玩的 135 個益智遊戲

本書以圖像及數學遊戲為主，彙集古今多方面的經典益智遊戲試題，讓您在輕鬆快樂的遊戲中掌握靈活、主動的思維方法，開發調動左右腦智力區域參與思維活動，發揮大腦潛能。

聰明人都在玩的 115 個邏輯遊戲

人的腦需要鍛鍊，才能更加增強他的活絡程度。訓練腦力不需要太困難的方法，在上一本推理遊戲中，我們用各種推理故事來加強大腦的思考能力，而本書的邏輯遊戲則可以增強你思維的細膩度，讓你輕鬆的訓練你的大腦，並從中學習更多解題的邏輯概念。

聰明人都在玩的 94 個推理遊戲

來試試看，你有多聰明。◎共有多少隻貓？房間裡有四個屋角，每個屋角上坐著一隻貓，每隻貓的前面又有三隻貓，每隻貓的尾巴上還有一隻貓。

請問：房間裡一共有多少隻貓？

聰明孩子正在玩的 200 個智力遊戲

究竟是因為你牢騷滿腹而不得陞遷，還是因不得陞遷而牢騷滿腹，就像是雞生蛋還是蛋生雞這個問題一樣，誰也說不清。

是的，困難很可怕，但是沒有什麼比失去信念更可怕！你能想像一個沒有信念的人，會積極地應對人生的各種問題，從而獲得成功嗎？！

心態決定你的價值

最有價值的人，不一定是最能說的人。兩個人從牢中的鐵窗望出去，一個看到泥土，另一個卻看到了星星。我們最大的敵人往往就是我們自己。許多人難以成事，關鍵就在於心態上的想法。

明天過後你是窮人還是富人

創新：我們的最大障礙是已知的東西，而不是未知的東西。銷售：企業不再是賣產品，而是賣別人的需要。經營：人要看多遠而走多遠，而不是走多遠看多遠。

賺錢：真正的富人不是靠省錢來生財。

人生的彎腰哲學

究竟是因為你牢騷滿腹而不得陞遷，還是因不得陞遷而牢騷滿腹，就像是雞生蛋還是蛋生雞這個問題一樣，誰也說不清。

是的，困難很可怕，但是沒有什麼比失去信念更可怕！你能想像一個沒有信念的人，會積極地應對人生的各種問題，從而獲得成功嗎？！

沒有最好，只有更好

銷售是一個被認可的過程，任何創造優秀業績的業務員都是一個能被客戶接受和認可的業務員，成功的銷售不僅僅依靠完美的產品，更需要完美的業務員。完美的業務員最需要的是--事半功倍的銷售成功法則。

再笨也要懂厚黑

中國人自古好面子，一事當前，面皮薄，該開口的不開口，該要求的不要求，該批評的不批評，該拒絕的不拒絕，結果失去了大好時機，犧牲了自己的利益。

所以有一種說法叫「面子殺人」，意思是說，有時候為了面子，可能傷害了自己，甚至犧牲了自己。

所以厚黑學要用到無形無色，才算止境。

你就是博弈高手：選擇決定勝敗

在這個世界上，傻不可怕，可怕的是做最後一個傻子。博弈論探討的就是聰明又自利的「局中人」如何採取行動及與對手互動。人生是由一局又一局的博弈所組成，你我皆在其中競相爭取高分。所以說人生是一場永不停止的博弈遊戲，每一步進退都攸關成敗。

錢不是存出來的

談到賺錢，有兩種方式：你可以上班，用你的時間和技能換取金錢，這也是為什麼大多數人努力工作的原因；或者你可以拿出你的金錢，讓它為你工作，也就是讓錢生錢。在現實生活中，窮人往往選擇前者，富人通常選擇後者。

每天都會用到的生活經濟學

說穿了，怎麼賺錢、怎麼花錢這些跟錢打交道的事情，都跟經濟學有關係。經濟學能夠解決世界上的一切事情，你相信嗎？你知道作為消費者，怎麼做出消費決策嗎？你知道作為廠商，怎麼做出生產決策、怎麼定價嗎？經濟學最關鍵的問題就是選擇。

讀品文化 Spirit Surprise 讀者回函卡

謝謝您購買這本書。
為加強對讀者的服務,請您詳細填寫本卡,寄回**讀品文化**,並將務必留下您的E-mail帳號,我們會主動將最近「好康」的促銷活動告訴您,保證值回票價。

書　　名:百萬IQ知識王
購買書店:＿＿＿＿＿＿市／縣＿＿＿＿＿＿書店
姓　　名:＿＿＿＿＿＿＿＿＿＿＿
身分證字號:＿＿＿＿＿＿＿
電　　話:(私)＿＿＿＿＿(公)＿＿＿＿＿(傳真)＿＿＿＿＿
E-mail　:＿＿＿＿＿＿＿＿＿＿＿＿＿＿＿＿＿
地　　址:□□□＿＿＿＿＿＿＿＿＿＿＿＿＿＿＿
年　　齡:□ 20歲以下　□ 21歲～30歲　□ 31歲～40歲
　　　　　□ 41歲～50歲　□ 51歲以上
性　　別:□ 男　□ 女　　婚姻:□ 已婚　□ 單身
生　　日:＿＿＿＿年＿＿＿月＿＿＿日
職　　業:□ 學生　　□ 大眾傳播　□ 自由業　□ 資訊業
　　　　　□ 金融業　□ 銷售業　　□ 服務業　□ 教
　　　　　□ 軍警　　□ 製造業　　□ 公　　　□ 其他
教育程度:□ 國中以下(含國中)　□ 高中以下
　　　　　□ 大專　　□ 研究所以上
職 位 別:□ 在學中　□ 負責人　□ 高階主管　□ 中級主管
　　　　　□ 一般職員　□ 專業人員
職 務 別:□ 學生　　　□ 管理　　□ 行銷　　□ 創意　□ 人事、行政
　　　　　□ 財務、法務　　　□ 生產　　□ 工程

您從何得知本書消息?
　　　　□ 逛書店　　□ 報紙廣告　□ 親友介紹
　　　　□ 出版書訊　□ 廣告信函　□ 廣播節目
　　　　□ 電視節目　□ 銷售人員推薦
　　　　□ 其他

您通常以何種方式購書?
　　　　□ 逛書店　　□ 劃撥郵購　□ 電話訂購　□ 傳真訂購
　　　　□ 團體訂購　□ 信用卡　　□ DM　　　□ 其他

看完本書後,您喜歡本書的理由?
　　　　□ 內容符合期待　□ 文筆流暢　□ 具實用性　□ 插圖
　　　　□ 版面、字體安排適當　　□ 內容充實
　　　　□ 其他

看完本書後,您不喜歡本書的理由?
　　　　□ 內容不符合期待　□ 文筆欠佳　　□ 內容平平
　　　　□ 版面、圖片、字體不適合閱讀　□ 觀念保守
　　　　□ 其他＿＿＿＿＿＿＿＿＿＿＿＿＿

您的建議
＿＿＿＿＿＿＿＿＿＿＿＿＿＿＿＿＿＿＿＿
＿＿＿＿＿＿＿＿＿＿＿＿＿＿＿＿＿＿＿＿

廣 告 回 信
基隆郵局登記證
基隆廣字第 55 號

2 2 1 0 3

新北市汐止區大同路三段 194 號 9 樓之 1

讀品文化事業有限公司

編輯部　收

請沿此虛線對折免貼郵票，以膠帶黏貼後寄回，謝謝！

讀品文化
Spirit Surprise

為你開啟知識之殿堂